与海明威一起出海

《老人与海》笔记

老范行军 著

北方联合出版传媒(集团)股份有限公司
万卷出版公司

图书在版编目（CIP）数据

与海明威一起出海：《老人与海》笔记 / 老范行军著. -- 沈阳：万卷出版公司，2016.1
ISBN 978-7-5470-4047-8

Ⅰ. ①与… Ⅱ. ①老… Ⅲ. ①读书笔记—中国—现代 Ⅳ. ① G792

中国版本图书馆 CIP 数据核字（2015）第 312149 号

与海明威一起出海：《老人与海》笔记

常年法律顾问：徐涌 举报电话：010-57262361
如有质量问题，请与印务部联系。联系电话：010-57262361

出版发行：北方联合出版传媒（集团）股份有限公司
万卷出版公司
（地址：沈阳市和平区十一纬路 29 号 邮编：110003）
联系电话：024-23284090 / 010-57262361
传　　真：010-53021252　E-mail：200514509@qq.com
印 刷 者：北京天宇万达印刷有限公司
经 销 者：全国新华书店

幅面尺寸：125mm × 185mm
字　　数：177 千字　印　　张：10.5
出版时间：2016 年 1 月第 1 版　印刷时间：2016 年 1 月第 1 次印刷
选题策划：尹　岩　责任编辑：周莉莉
装帧设计：吴光前　肖 像 画：刘月强

ISBN 978-7-5470-4047-8
定价：45.00 元

目录

“诗人呀！请你为上帝的缘故，引导我逃出这个森林和其他更坏的地方；伴着我到你方才所说的境界，一看沉溺在悲哀的深渊里的幽灵；最后引导我到圣彼得的门。”

于是维吉尔在前走，我在后面跟着。

——但丁：《神曲·地狱篇》

独自

一

他是个独自在湾流中一条平底小帆船上钓鱼的老人，这一回已去了八十四天，没逮上一条鱼。

这是欧内斯特·海明威的中篇小说《老人与海》的第一句。

平常的第一句。

它，远不及加西亚·马尔克斯[①]的《百年孤独》之开篇诡谲、超拔、宏阔："许多年之后，面对行刑队，

① 加西亚·马尔克斯（1927–2014），哥伦比亚作家，拉丁美洲魔幻现实主义文学的代表人物，海明威出生 28 年之后，马尔克斯出生。

奥雷良诺·布恩地亚上校将会想起，他父亲带他去见识冰块的那个下午。”

但是，在你阅读了海明威众多的故事、人物、情节，看到暴力、放荡、血腥、冷漠、孤独、挑战以及迷惘、告别、死亡、沉思、追问之后，尤其有了饥饿、疼痛、寂寞、生不如死、绝望、毁灭的经验之后，这第一句中的“独自”“湾流”“八十四天”——就会像冬日深夜走在荒寂的街上，突然有盏灯在前面不远的地方亮了，于是脚下的路不再黯然——你的眼睛也能看得更远了。法国学者热拉尔·马瑟在《简单的思想》里说：“从内部体悟经典不仅是一种高姿态，更是一种自由的态度。因为将自己置于作者的高度，绝非把自己当成作者。”可见，这个“高姿态”是阅读的起点，与作者同在沼泽或是雪山，同生同死，才能迎来“自由的态度”——接下来，就可以从他的身边走开了。走开，留下故事，带走思想，营造属于自己的悬念。

此刻，让我们从“独自”启程，也许会发现：独自，正以独有的姿态赢得了一个浩瀚的空间——你我，都置身其中的吧。

■ 二

他是个独自在湾流中……独自——可以想象海明威在纸上写出“独自”两个字时，内心静默如海。独自是人生的一个姿态，也是常态。

你5岁的时候，独自在家，看完了小人书，涂鸦了好几张纸，也喝了水，还睡了一觉，天慢慢黑了下来，你趴在窗台上，眼睛巴望着窗外，等待妈妈回来。

你16岁的时候，独自挑战一个大块头流氓，因为他在学校门口骂你是臭狗屎。在一条丑陋的窄街，你被对手打得毫无招架之力，最后一个人回到家里，包扎伤口。

你21岁的时候，独自躺在上铺，因为你发烧了，不能与宿舍的同学一起去登山看枫叶。

你28岁的时候，独自徘徊在河边，月亮惨白，恋人离你而去。

你35岁的时候，独自离家，只在桌上留下一张字条。你告诉家人想出去走走。你只带了一点点钱。你把钥匙放在背包里最安全的地方。你的腰里别着一把刀。

……

很多时候，人都是独自上路的。独自上路并非偏执，抑或拿孤癖标榜孤独，而是心灵的一种渴念——自己也不晓得它的出处——它潜伏在某个角落，发出微弱的光，隐隐约约，昭示着，牵动着；它是寂寞之犬发自遥远的吠叫，在长夜，在拂晓时分，声音咬碎了漫长的构想和崭新的地图。

圣地亚哥坚持远离岸滩撒网打鱼，相信“明天会是一个好日子”，于是，第二天就早早出发了。在海上，他一直很孤独，“往年他独自待着时曾唱歌来着，有时候在夜里唱，那是在小渔船或捕海龟的小艇上值班掌舵的事”。等到他归来，小船“驶进小港，露台酒馆的灯光全熄灭了，他知道人们都上床了”——

> 没人来帮他的忙，他只好跨出船来，独立把它尽量拖上滩岸，紧系在一块岩石上。

海明威可以“安排”老人赶在人们上床之前或者起床之后回来的。他没有那样做。不是不可能，而是不想。海明威的目的只有一个——没人来帮老人的忙。而且，这一目的不是虚构的需要，而是现实的直播。

没人来帮他的忙。

老人“就肩上扛着桅杆坐在那里，望着大路”，最后“顺着大路走去”，期间又“不得不坐下歇了五次，才走到他的窝棚”。

这个时候，我仿佛看到海明威在夜深人静的瞭望山庄，疲惫的头从打字机上抬起来，揉了揉眼睛，起身来到窗前。窗外很黑，不远处的海边传来阵阵涛声……他默默地说："也没有人来帮你的忙。"

独自，是形容词吗？

不，独自应该是个动词。

三

海明威塑造的很多人物都喜欢"独自"行动，或者渴望"独自"出发。

《大双心河》里，青年尼克始终"独自"一人——独自下了火车，独自背上沉重的行囊，独自走路，独自宿营，独自做饭，独自钓鱼，又独自"回营地去"。

再看《两代父子》中的一段对话——

> "我到几岁上才可以拿到一把猎枪，独自个儿去打猎呀？"
>
> "12 岁吧，如果到时我看你做事小心的话。"
>
> "但愿我现在就有 12 岁了。"

少年渴望"独自个儿去打猎"，老人在一片汪洋之中也不得不独自面对一场挑战——

现在正是独自一个人，看不见陆地的影子，却在跟一条比他曾见过、曾听说过的更大的鱼紧拴在一起，而他的左手依旧拳曲着，像紧抓着的鹰爪。

有些时候，独自是迫不得已的，除了忍受，别无选择。正如《丧钟为谁而鸣》中那位可敬的老头儿安塞尔莫，“经常独自一个人待着的”。

1933 年 2 月 27 日，海明威在给一位朋友的信中调侃自己：“……老爸还得独自在古巴打鱼。”

1933 年 7 月 26 日，海明威在给斯克里伯纳出版社的编辑麦克斯·珀金斯[①]的信中除了调侃，还加入了一点儿抱怨：“可怜的老海明威，虚弱的老人。墨西哥湾流太阳下的九十九天……独自一人，没人可以帮我。”

1972 年，美国一家出版社将海明威以尼克·亚当斯为主人公的 24 篇小说结集出版，取名：《尼克·亚当斯故事集》，其中第二部就叫“他独自”。

---

① 麦克斯·珀金斯（1884–1947），美国斯克里伯纳出版社编辑，他发现了菲茨杰拉德、海明威、沃尔夫等多位伟大的文学天才；海明威把《老人与海》题献给他以表对他的敬意。珀金斯出生 15 年之后，海明威出生。

四

2015 年 5 月 27 日，我的“苏北行”的第三天。早上启程就在想：从宿迁到淮安[①]再回宿迁，来回六个多小时去看一个“堆砌”的遗迹，是不是有意义？淮安到了，再换乘小客车。雨一直在下，越下越大。当车门打开，我被扔到码头镇的时候，我才明白，我已没有回头路——韩侯故里——必须寻访。此行目的，不在看到风景和古迹，而在找到抵达之地。只要站在那里。站在那里。

打伞走路，边走边问。我习惯问路。方向，很多时候都是问出来的。走出了一条略带古意的长街，目的地似乎还远着。走上了“码头桥”，河水白茫茫的，闪着冷意。路上行人越来越少了，直到前面没有一个人，后面也没有。还要寻找吗——瞬间蹦出的疑问被脚步代替了，继续走就是了。天，绝无晴下来的样子。鞋湿了。有些冷。就在这时，路的右方出现一个破旧的车站：韩侯故里。

守门人问我打哪里来。我说沈阳，东北的沈阳。他说进去吧，就你一个人。走进去，有一种“包场”的兴

---

① 宿迁、淮安，中国江苏省北部的两座城市，宿迁是项羽的故乡，淮安是韩信的故乡。

奋。但很快，兴奋就被现代人“包装”的历史打碎一地，又马上宽慰自己，来过的意义总是胜过未行的猜想，即使苦味也是品味。

一个人，面对另一个人：沉默的相视，沉默的对话，沉默的时间。他无意笑望今朝，却仍以忍辱、伟略、悲壮、男人之躯，赢得一页史记。我相信天上的乌云来自他死去的那天。乌云之下，我心怀遗憾，对那亦亡亦兴的历史的缺席。眼前的山、湖、桥、石头、碑文、兵营——所有的一切都在营造一个男人的生死簿——翻阅之后，那天上的乌云自此便有了我的眼泪，默念着奥登[①]的诗：我们知道为谁哀悼，也知道谁正黯然神伤。

告别之前，从韩信点将台旁边的三棵桃树上摘了六个青涩的桃子，算是为此行做足了回味。

独自是一种选择。

独自是一种自由。

独自是一种对集体模式的背叛。

独自是一种具有审美意义的个人主义。

---

① 威斯坦·休·奥登（1907—1973），英裔美籍诗人，代表作品有《在这座岛上》《新年书信》《阿基里斯之盾》等。海明威出生 8 年之后，奥登出生。

独自是一种仪式——当你独处悲伤，无需抚慰的悲伤，而抱持着默默的尊严。

独自，不需要反义词来做旅伴。

五

《十一种孤独》的作者理查德·耶茨说：“如果一个人想要做一件真正忠于自己内心的事情，那么往往只能一个人独自去做。”

包括阅读，对艺术、小说艺术……的阅读。1987 年，流亡美国的约瑟夫·布罗茨基[①]在瑞典做诺贝尔文学奖的获奖演说（也即《表情独特的脸庞》一文），他讲道：“如果艺术能教给一个人什么东西（首先是教给一位艺术家），那便是人之存在的孤独性。作为一种最古老、也最简单的个人投机方式，艺术会自主或不自主地在人身上激起他的独特性、个性、独处性等感觉，使他由一个社会动物变成一个个体。”这一个“个体”证明了你是大地里的新鲜时蔬和大海里的生猛鲨鱼。

---

① 约瑟夫·布罗茨基（1940–1996），生于列宁格勒，苏裔美籍诗人（1977 年加入美国籍），1987 年以美国公民身份获得诺贝尔文学奖；代表作品有《诗选》《小于一》《悲伤与理智》等。海明威出生 41 年之后，布罗茨基出生。

六

还有谁在独自而行?

30 岁的耶稣独自栖身荒野四十天，他说，“人，生活不只靠食物。”

30 岁的查拉图斯特拉独自栖身荒野十年——还记得十年之后当他遇见一个白发老人时，那老人的话吧，“想当年你把你的灰搬到山上去，今天你是要把你的火带到山谷里去吗”?

查拉图斯特拉独自下山……

经历了十年的特洛伊战争，奥德修斯“在广阔的大海上身受无数的苦难”，最后独自返乡。

1728 年 3 月 14 日，卢梭决定离开日内瓦，不再跟着那位喜欢拿着鞭子惩罚他的雕塑匠做学徒了——他，独自一人开始流浪生活，这一年他尚未满 16 岁。历史学家威尔·杜兰说他“囊空一洗，除了身上穿的衣服外，别无他物”。

赫尔曼·梅尔维尔①的最后几年，成了一个老人，

① 赫尔曼·梅尔维尔（1819–1891），美国小说家，代表作品有《白鲸》。梅尔维尔出生 80 年之后，海明威出生。

他还在纽约海关工作，却沉默寡言，所有人都忘了他——已经没有一个读者了。那从楠塔基岛出发的探险多么热闹！啊，孤独的“白鲸”。

一天，罗兰·巴特“独自走出电影院”，刚刚看过的电影又勾起他对自己恋爱中所遭逢的种种曲折的万千思绪，并想去弄个明白。

1959 年，A.E.·霍契勒与海明威一起游历了西班牙。后来，他在《爸爸海明威》一书中描写了这样的一个场景——

> 迷雾重重，毕尔巴鄂街道闪耀着折射的光辉。我望着欧内斯特，他翻起战壕雨衣的翻领遮雨。我产生了种奇异的感觉：他好像刚在医院里告别他死去的凯瑟琳·巴克莱，陪同亨利中尉走在洛桑的人行道上。

《永别了，武器》——海明威修改了三十九遍的结尾，他让亨利中尉这样行动的——

> 我走到病房门口。
>
> “你现在不能进去，”一个护士说。
>
> “不，我能进，”我说。

“你还不能进来。”

“你给我出去，”我说，“那位也出去。”

但是，我就是把她们都赶了出去，关了门，熄了灯，也丝毫没用。那就像跟石像告别。过了一会儿，我走出去，离开了医院，在雨中走回旅馆。

独自。

独自。

独自。

独自——内化为禀赋、素养、习惯之时，也就默化出了容忍、宽恕、气量、静默、恒久之力。

独自有道，也是道。

喧腾的大海横无际涯，翻卷着咆哮的巨浪，舟子坐在船上，托身于一叶扁舟；同样地，孤独的人平静地置身于苦海世界之中，信赖个体化原则——叔本华如是说。

那湾流中深色的水

一

1959年夏，时隔近三十年，海明威再度远赴西班牙，站在了魂牵梦绕的斗牛场，并一路追踪在两位卓越的斗牛士之间展开的一系列精湛、血腥的竞技。此行，他完成了第二部“斗牛专书”——《危险的夏天》。书中的一句话值得玩味——

> 我很不喜欢错过我生活中在湾流上度过的一个春天。

海明威不是不愿错过春天，而是湾流之春天，这湾流即是墨西哥湾暖流。

墨西哥湾暖流是世界上最强大、影响最深远的一支暖流——由北赤道暖流及圭亚那暖流汇聚于加勒比海和墨西哥湾后，经过佛罗里达海峡，沿着美国的东部海域与加拿大纽芬兰省向北，最后跨越北大西洋，通往北极海。在大约北纬 40 度、西经 30 度左右的地方，墨西哥湾流分支成两股分支，北分支跨入欧洲的海域，成为北大西洋暖流，南分支经由西非重新回到赤道。这股来自热带的暖流既深且广，将北美洲以及西欧等原本冰冷的地区变成温暖适合居住的地区，对北美东岸和西欧气候产生了重大影响。

墨西哥湾流又是鱼类繁殖极为理想的所在——当从小就酷爱垂钓的海明威第一眼看到这片海阔天空，怎能不张开双臂：拥抱激流、拥抱黑夜、拥抱闪电、拥抱噩梦、拥抱女人？

湾流之于海明威，是：泰晤士河之于狄更斯；塞纳河之于雨果；康科德河之于梭罗；密西西比河之于马克·吐温[①]；静静的顿河之于肖洛霍夫；还有保罗·柯艾略，此刻，他还坐在那彼德拉河畔哭泣吧——这些男人，都离不开那片水了。那是一种养育、托举、承载、疗伤、

① 马克·吐温（1835－1910），美国作家、幽默大师；代表作品有《哈克贝利·费恩历险记》《汤姆·索亚历险记》等。马克·吐温出生 64 年之后，海明威出生。

激励、慰藉，也是一种道路、哀伤、苦难、冥想、床；两者无法分割，互为依存。尤其是那顺流与逆流奔涌成精神空间和信仰领域，人在其中汲取的东西就如宿命，永久抛锚，任凭风吹浪打——死在里面，也就是生在其中。

那么，你的湾流在哪里？

二

1933 年 4 月 8 日，海明威给《纽约客》驻外通讯记者珍妮特·弗兰纳写信，责怪她“为什么不来哈瓦那”，之后这样描述——

> 墨西哥湾流铺天盖地地袭来，直冲向海岸。马林鱼在湾流上游过，像公路上的汽车。你在船上驶向海岸时，你透过清澈的水向下看，可以看到白色沙子中的细纹。看起来好像你将沉入底部……

海明威深恋湾流，也就安排了圣地亚哥去湾流中打鱼。真实的故事是这样的：1936 年 4 月号美国《老爷》杂志发表了的一篇题为《在蓝色的水面上：漂流通讯》的文章，讲述一个老人独自划着小船出海，钓到一条硕大的金枪鱼，鱼把小船拽到了大海深处。老人与大鱼较量了两天两夜，又与鲨鱼搏斗，精疲力尽，最后，鱼身只剩下不到一半，当几个捕鱼人赶到时，老人坐在船里流泪。可以说，老人孤独的身影和眼泪一直令海明威难以忘却。1939 年，他向珀金斯勾勒出潜入脑海中的腹稿：这是“古巴海岸一篇极精彩的故事”，假使能写得好，“这个故事定会使整本书蔚为大观”。但，时间又过去了十三年，也即 1952 年 9 月，“他是个独自在湾流中一条平底小帆船上钓鱼的老人……”才在《生活》周刊上激起一片蔚蓝。

海明威的后二十余年，湾流在他的门前，也在身后。他的荣耀与哀痛、梦想与苦闷，既是湾流的潮来浪去，又是生命的朝花夕拾。他要感谢玛莎·盖尔霍恩——这位被伦敦每日电讯报称为“世界上最伟大的战地记者”——没有为他生育女儿，却间接地给了他可以瞭望、亲昵的澎湃。

1939 年 4 月，玛莎与海明威在哈瓦那相聚，她忍受不了他住在旅馆的一片狼藉，自己去找房子。她看到报纸租赁广告中有一处 15 公顷的房产叫“瞭望山庄[①]”，

① 瞭望山庄：位于古巴哈瓦那东部，主体建筑包括一幢住宅楼和一座四层塔楼，海明威曾于 1939 年至 1960 年在山庄居住；在此，他创作了《老人与海》。1961 年，海明威的第四任妻子玛丽将瞭望山庄以及里面的所有物品捐赠给了古巴政府。

就实地考察了一番。山庄位于山顶，可以俯视渔村，离哈瓦那商业区15英里。房产外观破旧，室内装饰也已破败，室外游泳池的边上、墙下，到处杂草丛生。对此，海明威嗤之以鼻，玛莎却展示了美好的想象力，自己掏钱雇了油漆工、木匠和花匠，大兴土木。当一间宽大明亮的写作间装修好了之后，海明威像个工程监理似地晃悠着来了，可以想象被她骂为脏猪的他一定咧嘴傻笑了。他搬进了瞭望山庄。这时，他与第二任妻子波琳还没有离婚。

1940年1月中旬，玛莎完成了在芬兰的采访任务，再来哈瓦那与海明威相聚，3月到4月，海明威的三个儿子也过来与父亲和玛莎度假。孩子们与玛莎相处得很好。一个月后，波琳提出离婚。同年11月21日，海明威与玛莎结婚。12月28日，他们用12 500美元买下瞭望山庄。六年之后，玛莎亲手营造的爱巢让给了另一位女人。

霍契勒在《爸爸海明威》一书中这样介绍瞭望山庄的地理位置："离开庄园半小时路程，你就能到海边登上自己的游艇；行船十五分钟，便进入墨西哥湾流，那儿的海水蓝湛湛的，你可以在那儿放下四条鱼线。"

海明威很愿意与友人分享他的家，住宅"一面临海，出了门只要爬下悬崖，穿过白灿灿的沙滩，面前便是墨西哥湾流了”。这里，“平静无风的时候远远望去，湾流的海水通常是深蓝色的。可是索性走到水里细细一瞧，荡漾在那白灿灿细沙上的海水便只是泛着一派青灵灵的光了。大一点儿的鱼还远远的没有游到海滩边呢，你在海滩上早就连鱼影都见到了”……

三

湾流对于海明威来说，不只是一支暖流，也不是暖流带来的钓鱼的乐趣，它已经成为血液流进了他的血管和精神世界。在他的第一部非洲狩猎著作《非洲的青山》中，有一段话寓意深刻——

> 当你一个人在海上，并且知道你生活于其间的这道你熟悉、研究过并热爱的墨西哥湾流在有人类之前就在流动，就像今天在流动一样，并且在哥伦布见到那个长形、美丽而不幸的岛屿之前，湾流就沿着它的海岸线流淌，而你关于它的所有发现，以及一直生活在那里的人们都是永恒的，有价值的，因为湾流永远会像原来那样流淌……

海明威的心中，湾流是恒久不变的存在，不为岁月和流俗所污染，也不为时间和风尚而改变。湾流是一种品质。湾流具有人格化的恒久、坚持、容忍、守信。当圣地亚哥的手受伤时，他深谙“咸水会把它们治好的”，因为“湾流中的深色的水是世界上最佳的治疗剂”。

湾流是可以疗伤的。

四

海明威自从因父亲自杀回去一次叫作橡树园的小镇，便再也没有重返故里——没人知道为什么。故土难离，可是，人也或多或少地在寻找另一个故乡。正如你，故土已成回望的风景。在他乡，伊始客居，时间久了，生活习性、待人接物、处世方式也会与当地的风土人情慢慢融合，精神气质也会受到地理环境和人文氛围的熏陶，旅居变为久留。这样的一个地方，同样承载了肉体与精神的依存，以及灵魂的找寻和安顿。

对于海明威来说，就是湾流，墨西哥湾流。

对于你，他乡也不再是儿时门前稻田的别处，抑或黄昏街灯照不到的客船，而是：此处即是家园。在此处，在风景处；在此处，在道路上。

不论在何方，在任何时候，你我都可以像海明威通过拥有湾流、或是像奈保尔[①]通过拥有“米格尔街”，而拥有一个世界，而世界就是你我的故乡了。在这个世界上，海水暖的时候，鲨鱼冷；相见短的时候，忘却长……

五

当然，你如果熟读波德莱尔[②]，可能会喜欢上这句话：在我看来似乎是，在一个我不在的地方，我才有欢乐。

---

① 维·苏·奈保尔（1932–），英国作家，生于中美洲的特立尼达和多巴哥的一个印度婆罗门家庭，1955 年定居英国，2001 年获得诺贝尔文学奖；代表作品有《米格尔街》《河湾》《印度三部曲》等。海明威出生 33 年之后，奈保尔出生。

② 波德莱尔（1821–1867），法国诗人，象征派诗歌先驱；代表作品有《恶之花》《巴黎的忧郁》等。波德莱尔出生 78 年之后，海明威出生。

八十四天

一

这一回已去了八十四天，没逮上一条鱼。

八十四天——老人没有任何收获。

评论家们倒是收获了“象征”。一种解读便是：耶稣受洗之后曾被圣灵引到旷野，禁食四十昼夜，并受到魔鬼的试探；这四十天加上基督教大斋期的四十天和复活节前的“圣周”那七天，刚好是八十七天——而，老人在海上一连八十四天没打到鱼之后，继续出海，又在海上待了三天，等于基督从受难到复活那三天——“老人在这三天中经历了大磨难，最后获得精神胜利”。

于是，时间成了磨难，成了精神，成了毁灭，成了拯救，成了复活。

海明威自然不想让人猜到他的谜底，多次声明“没有什么象征主义的东西。大海就是大海，老人就是老人……”。也许他担心将“八十四天”赋予特殊的指涉，会使阅读失去了本来的叙事力量。不错，八十四天足够漫长，对于一个没有收获的渔夫，尤其别人是打到了鱼的——对比之下，残酷如山。

试问：你会坚持到八十四天吗？

二

有时想：

特洛伊战争到了第十年“木马”还没出现，奥德修斯们是不是还能坚持攻城？

鲁滨逊在荒岛的第二十八年还没有等到那条大船，会不会安于与世隔绝，不再瞭望？

戈多[①]不说“明天晚上会来的”，而是说“也许明

---

① 塞缪尔·贝克特（1906–1989），出生于爱尔兰，后加入法国籍；他创作的领域包括戏剧、小说和诗歌，是荒诞派戏剧的重要代表人物，1969 年获得诺贝尔文学奖，代表作品有《等待戈多》《剧终》《啊，美好的日子！》等。戈多是两幕话剧《等待戈多》中从未露面的一个人物。海明威出生 7 年之后，贝克特出生。

天晚上会来的”，两个流浪汉还能不能等待下去？

……这些想法是荒诞的。但是，最为荒诞的是我们缺席了太多的追问，让那些待解的悬念继续高悬，露出轻蔑。只需，只需再上前一步，伸手就够到了树上的苹果，却由于转身为地上现成的落果所勾引，弯下了腰。那轻蔑便继续轻蔑。离开果林的脚步也就此离开了美丽、深刻与诗意。

做如是想，是想更多地亲近荒诞。

不觉得吗，我们一本正经得足够腐烂与恶心？

三

再问：你会坚持到八十四天吗？

四

你在思考吗？

那边的一颗苹果砰然落地了。

另外一条船

一

那里，我看见一个须眉尽白的老人立在船上，大喊道：不幸的你们，罪恶的灵魂！不要再希望看见天日了！我来引你们到彼岸，走进幽乡，走进火窟，走进冰池。

至于你呢，你是活人，快离开这里吧，这些都是死人呀！

他看见我还是立着不动，便怒道：你另有一条路走，另有一个渡口，另有一个较轻的船来渡你的。

这个我，是但丁[1]。

那个你，也是但丁。

所以，你也“另有一条路走”。只是，林中永远多歧路，谁来“渡你”？

二

老人一连八十四天没有打到鱼——头四十天，还有一个男孩与他在一起，之后，男孩听从了父母的吩咐——

> 上了另外一条船，头一个礼拜就捕到了三条好鱼。

你在想什么？

你是默认了那对夫妇的决策，还是鄙视父母们的目光短浅？

你是为孩子们感到委屈，还是觉得反抗多么徒劳——从童年到成人？

---

① 但丁（1265–1321），意大利诗人，现代意大利语的奠基者，欧洲文艺复兴时代的开拓人物之一，以长诗《神曲》留名后世。但丁出生 634 年之后，海明威出生。

三

眼前的面包常常比看不见的前景更具诱惑，尤其遭遇了打击、挫败、屈辱，暖床、热汤、门和梦都摸不着的时候——“上了另外一条船”，就像流浪汉盯着厨房，自然而又必然。

其实，我们所面临的不外乎就是——选择。

四

我们，所面临的不是一条船。即使身在一条船上了，周围还有很多条船，潜行的，锁在雾中的，掩在冰山后面的。

选择的多样性，赋予了未知的多样性。只是，我们下意识地在多样性中掩藏了深渊，也排除了荆棘。我们偏好花枝招展，这连鬼都知道。只是，鬼不知道或者知道了也不会告诉你：一旦上错了船，比打不到鱼，更可怕。

五

《坛经》讲：五祖一直把惠能送到江西九江驿。五祖让惠能上船，之后抓起撸亲自摇起来。

惠能：“师父请坐，应该弟子摇橹。”

五祖：“应该是我度你到彼岸。”

惠能：“迷时师度，悟了自度。……”

面对“另外一条船”与“另有一条路”，我们可是悟了？可是自度？

眼睛就是身上的灯

一

> 没有什么象征主义的东西。大海就是大海，老人就是老人，孩子就是孩子，并且鱼就是鱼，鲨鱼就是鲨鱼，没有什么好坏可言。人们认为这象征什么东西，全是胡说。更深层次的东西就是当你了解了之后所感悟到的，作家应该领会得更深。

1952 年 9 月 13 日，海明威在瞭望山庄致信美国艺术史家伯纳德·贝伦森，信中的这句话被很多评论家所援引：他们认为海明威在撒谎。没错。不过可以原谅的是，此处撒谎无碍道德，倒是显出了海明威与评论家之间的抬杠逗趣。其实，海明威在《老人与海》中使用了大把的“象征”。看看的老人眼睛吧——

他身上的一切都显得古老，除了那双眼睛，它们像海水一般蓝，显得喜洋洋而不服气。

老人的这双眼睛不是普通的眼睛，当太阳“升得更高了”，他向着东方瞭望的时候思忖着——

我这一辈子，初升的太阳老是刺痛我的眼睛，他想。然而眼睛还是好好的。傍晚时分，我可以直望着太阳，不会有眼前发黑的感觉……

“直望着太阳”竟然没有“发黑的感觉”，难道没有让你想到《马太福音》（第6章第22节）中说的吗——“眼睛就是身上的灯。你的眼睛若了亮，全身就光明”。

海明威在文字后面藏匿了很多密码。你要是漫不经心地阅读，他会在一旁眯缝着眼睛偷偷发笑，而你一旦解开了谜底，他就要赖皮——理解吧。作家写作小说就是一场智慧“骗术”，而文本之外更会虚构一些话料，引逗读者，如能跳出圈套，参得禅机，便是智读。

二

海明威不想让评论家看破自己苦心经营的秘密，讥讽所谓“象征”什么的“全是胡说”，但他又说到“更深层次的东西就是当你了解了之后所感悟到的”——很好，看看他对老人肖像的描写——

> 老人消瘦憔悴，脖颈上有些很深的皱纹……他的双手常用绳索拉大鱼，留下了勒得很深的伤疤。但是这些伤疤中没有一块是新的，它们像无鱼可打的沙漠中被侵蚀的地方一般古老。

关键在最后一句——海明威可以挑选诸多事物比喻圣地亚哥伤疤的“古老”，却偏偏选择了“沙漠”——“它们像无鱼可打的沙漠中被侵蚀的地方一般古老”。沙漠——很容易让人联想到耶稣受到撒旦诱惑的“旷野”。

其实，老人的脸与坎特维尔上校的脸极为神似。1950 年出版的《过河入林》没有像海明威希望的那样引起轰动，反倒备受批评，这也让他卯足了劲，一朝咸鱼翻身，仰仗的也只有圣地亚哥了——还是来看看《过河入林》中上校的那张脸吧——这一天，上校与美女雷娜塔在旅馆约会，两人亲吻后上校走进浴室，打算洗漱一下去吃晚饭。他洗了脸，“督促自己照了下镜子”，并“端详着自己的脸”——

这张脸像一个漫不经心的工匠在木头上凿出来的。

还记得吗，耶稣的父亲是一个木匠，而在犹太人的家庭里，木匠都是祖传的职业，且耶稣传教前就是个木匠——现在，我想说的就是，圣地亚哥老人与坎特维尔上校当然不是一个人，但是，海明威对两个老男人的肖像刻画，显然是有了原型的，即耶稣。其用意，在于对苦难的敬畏与接纳，对拯救的自觉与守持。

“一个好读者阅读的时候，能够超越自我，站在作者的高度体验创作的欢愉：这是人类所能达到的最高知识。”赞同热拉尔·马瑟①此说，对于经典的阅读也就告别了轻松和消遣。阅读，可以是一次思想的洗礼——当，与老人一起出海，与上校一起打猎。

① 热拉尔·马瑟（1946-），法国当代重要的散文家、诗人、文论家，1974年出版首部散文诗集《语言的花园》，代表作品有《简单的思想》《量身定制的幻想》等。海明威出生47年之后，热拉尔·马瑟出生。

是谁，教会了男孩捕鱼

一

海明威在 1936 年 4 月号美国《老爷》杂志上看到的那个故事，只有老人、鱼和大海——没有男孩。十六年之后，海明威决定在老人身边“安插”一个男孩是虚构的需要，也是心理的需要。与其说男孩的出现推动了叙事，毋宁说男孩的形象牵动了海明威的心肠。海明威在男孩身上赋予了丰富的情感和意义——

老人教会了这男孩捕鱼，男孩爱他。

海明威用一句话就讲明了老人与男孩之间的亲密：老的教导小的，小的爱戴老的，情同父子。老人的教诲映衬出了海明威心中的父亲。

海明威的父亲是一位医生，爱好打猎、钓鱼、制做标本、营火厨艺。他不仅传给海明威一副铁匠的身板，还使儿子从小就受到了木匠技能的训练——海明威笔下的很多人物都使得一把好斧头，或者锯，能砍善伐。严格说来，他是爱父亲的，尤其是少年时代。等到他渐渐长大，便对父亲迁就、屈从于母亲“既凶狠，又受虐”而恼怒。这也影响了日后他与女人交往的姿态：主动、进攻，先拿下堡垒，再予以控制。他的朋友多斯·帕索斯在自传里如此评价:“海明威对他的女人们总是苛刻的。不过，我相信，他是一个高明的建设者，而不是一个低能的破坏者。他离开他的女人们时，总是能让她们比最初相见时更擅于应付生活。”

海明威告别父亲，也就告别了故乡。1928 年父亲自杀之后，他再也未返家乡。他的家乡是一个叫橡树园的小镇，位于伊利诺伊州的北部，属于繁华大都市芝加哥的郊区。著名建筑师莱特这样描述：这个村子看来是一块颇受人敬重之地。居民们都非常善良，他们大多数住此，都是因为这里相对来说比较静谧，有利于培养他们的子女成长，少受大城市的污染。据说，“这里，强调自立的西部边疆精神”。

父亲对少年海明威的引领，在短篇小说《两代父子》中有着生动的再现，尽管作家一再否认小说中的人物不是现实中的形象——

> 有两件事也很感激父亲，这就是父亲教了他钓鱼，教了他打猎。

钓鱼和打猎，是海明威一生的最爱，他也极力把他的最爱传授给儿子们。有一次在瞭望山庄，海明威把小儿子格雷戈里介绍给当地的孩子们，并组成了以儿子名字（Gregorg）命名的“吉吉全明星队”。孩子们玩耍时发出欢声笑语，对他来说妙不可言。1942 年，格雷戈里在一次射击比赛中获得一枚金质奖章，海明威对朋友说，“对吉吉来说，这是一件令他的射手同伴们钦羡不已的纪念品”，还说“在 9 点钟，吉吉已经胜过二十四个古巴最出色的射手……我告诉你们，假如我们曾经受到该死的纳粹分子侵犯的话，我和孩子们就能很好地阻止他们”。儿子们偶尔会相约来到瞭望山庄，离开时他无比孤独。海明威是自私的，只能独饮寂寞之酒。如果他站在三个儿子的立场上思考，就会体味儿子远离父亲的烦恼和落寞。不无遗憾的是，海明威习惯醉心于躺在又一个美丽女人的怀里——激情带来的想象之蓬勃以及文字之冲动，遮蔽了儿子们——也就没有再孕育出儿子。

直到看见那个老人，也就“看到”了儿子——所有的歉疚、遗憾，便通过“男孩”予以补偿——他希望如此。

也只能如此。

二

海明威准确、生动、细腻地描写了老人绑鱼饵、下钩、放线等钓鱼技术，这些细节皆来自他的观察和学习。海明威的热爱学习比他的善于学习更有意义，于他，于你，于我。

1918 年，海明威给妹妹玛德琳·海明威写信，喜气洋洋：“你是不是很想看到哥哥穿上帅气的军服的样子呀？这身军服是我穿过的最好的衣服了……”最后，他又不无骄傲地称呼自己“鼎鼎大名爱你们的哥哥”。这之后，海明威开始“学习法语和意大利语”，还“学会了开救护车，很厉害吧”。这是海明威为奔赴欧洲战场所做的前期准备。够棒。

1929 年 2 月 1 日，海明威邀请珀金斯到佛罗里达的基韦斯特来钓鱼，随后的八天时间里，两个人早起晚归，垂钓之余自然离不开对文学的探讨。海明威给珀金斯的印象就是：“他永远都在思考，永远都在吸收、创造。”九个月后，珀金斯再一次接受了海明威的钓鱼邀请，他在回忆时说：“必须要有艺术家的直觉才能迅速知道海洋下面的地形和鱼类的习性，海明威只用了一年就掌握了这些，而别人常常需要十年乃至一生的时间。他好像凭借本能就能进入鱼的身体——知道大海鲢或者无鳔石首鱼的感受和想法，也因此知道他该怎么做。”

1932年，海明威来到古巴，开始了两个月的钓鱼冒险。在船上，他细心观察渔民怎样把鱼钩穿进鱼饵的口中并穿出。当他看到一位老渔民的手指由于长年累月浸泡在海水里，早已枯如干柴，却动作飞快时，感慨“我还有更多的东西需要学习”。

其实，海明威早在做《星报》通讯记者的时候，就训练出了善于观察的眼睛。1922年在洛桑，墨索里尼举行的一个记者招待会上，海明威先是观察到这位独裁者“面孔扭曲”，趾高气扬，后又踮着脚走到他背后看看他手里拿的什么书，“那是一本法英字典，却拿倒了”。仅此一句，墨索里尼装腔作势的丑态毕露。

海明威的侄女希拉里·海明威在《海明威在古巴》一书中说：“欧内斯特随手写下了他的观测资料。他总是记下船的航海日志，不但记录捉到的鱼，而且记下是怎样捕捉到的。他总是把这些随想纳入他在《老爷》杂志上所发表的一些故事中：金枪鱼会出于四种不同的原因碰撞拖钩的诱饵。首先是出于饥饿，其次是出于愤懑，还有纯然出于与人开玩笑，最后是出于满不在乎。

可见，圣地亚哥对海水、天气的观测、“教会了这男孩捕鱼”，乃是海明威身上某些禀赋的附体。

可见，小说之外的学习不是一个作家的选修课，而是必修课。而这，只是针对作家而言吗？

一个理工男还会烘焙，一定很讨喜。

一个文艺男还能砍树、扎帐篷，不会没有女人。

当然，学习本领不是为了讨女人喜欢——哦，不，话不能这样说，讨女人喜欢，也是一门必修课。看看那些飞来飞去筑巢的公鸟吧，那是男人的榜样。

三

海明威的书中总有“教导”之描写，诸如：射击、钓鱼、斗牛、写作，包括品酒和赌马——最后这项技能，为他早期在巴黎挨饿的日子提供了很多饭桌上的肉、酒和旅行费用，还好，后来他戒了这一爱好。

你还记得《曙光示真》的开篇，海明威是如何介绍菲利浦·帕尔齐法尔，这位在非洲非常著名的白人猎手的吧——

> 他教我打猎时总是放手让我自己干，等我犯了错误再帮我纠正。

这句话的启示意义在于：“教会”别人是一门艺术。

那么，你从老人教会男孩钓鱼之中学到了什么？

不必急于回答。

好吧，放下《老人与海》吧，去海里扑腾吧。也许上岸时，你就会从沙滩上的脚印，或是树上掉下来的椰子，或是岸边一条船的斑驳的旧桨上，发现一些东西。

是谁说的了：自然具有道德的力量。

听话的男孩和不听话的柯希莫

一

在索福克勒斯[①]的悲剧《安提戈涅》中，克瑞翁为了维护自己刚刚获得的权势，决意杀死反对他的安提戈涅——自己的外甥女，儿子海蒙的未婚妻。为了取得儿子的支持，他谆谆教导——

孩子，你应当记住这句话：凡事听从父亲劝告。

在歌德的《浮士德》第二部“阿尔卡狄亚”一场中，

① 索福克勒斯（约前496－前406），雅典人，雅典三大悲剧作家之一；代表作品有《安提戈涅》《俄狄浦斯王》等。索福克勒斯出生约2 395年之后，海明威出生。

浮士德与海伦耐心规劝渴望“冲进高高天空”奔向远方的儿子欧福良——

克制！快克制
你激烈的欲望，
你过分的冲动，
为父母想一想！
何不静处田原，
煊赫于跳舞场。

欧福良只好无奈地说：“为遂你们心意，我克制住自己。”但他之后还是发出“丧命何妨”，“请允许高高飞翔”，最后坠落身亡（1829 年 12 月 20 日，歌德在与爱克曼[①]谈话时说，欧福良是一个寓意形象。他象征文学，不受任何地点、任何时间和任何个人的限定）。

“是爸爸叫我走的。我是孩子，不能不听他的。”

① 爱克曼（1792–1854），德国作家，1823 年写作《论诗，特别引歌德为证》并拜访了歌德，自此担任了后者的秘书；1836 年，爱克曼出版了《歌德谈话录》。爱克曼出生 107 年之后，海明威出生。

这是男孩对老人说的。他一再表示愿意跟老人去钓鱼，并相信老人会转好运的。可是，父命难违，男孩只好离开老人和他的船。多么悲哀！书里书外，世界上的孩子都要听爸爸的话（上学了还要听老师的话）。此前，男孩已经服从了爸爸的指令，“上了另外一条船，头一个礼拜就捕到了三条好鱼”，从“指令”的效益上看，爸爸对了，也就愈加巩固了权威性；只是男孩的心理收益为零，却上不了家教的损益表。

但是，海明威不愿意看到这样。他就是一个不喜欢听话的孩子。美国约翰·霍普金斯大学历史教授肯尼斯·S.林恩认为，海明威的父亲对他和妹妹们不听话所“表现出的那种野蛮狂暴的反应隐藏着对自己遭遇挫折、壮志未酬的病态意识”——海明威对此深感悲哀。而“由于母亲的干预（给他打扮成小女孩模样，希望与姐姐是双胞胎，等等），海明威没能享受到正常的童年生活。然而在日后的岁月里，他从来没有对任何人提起他成长的环境”。不说，只是没有找到出口。一旦他创造出了“环境”，他就将对“听话”进行否定与反抗，借助男孩的态度表达了出来。男孩的委屈与不安，乃是他的愤怒。

二

听话——常常拿来作为衡量孩子好坏的一个标准。于是在“听话”的委婉实则强制下，“出栏”的乖孩子个个温文尔雅，宽容待人，讨巧，圆滑。这样的男孩会博得父母喜爱、上司夸奖、邻里称道、情人欢心，但内心深处却焦虑、压抑，而又不知如何排遣，一旦遇到危机，惊慌失措，缺少决断、果敢和担当。

海明威在短篇小说《三下枪响》里，首先传达出的就是爸爸与乔治叔叔带着篝灯过湖钓鱼前对少年尼克的“吩咐”，并留下尼克一个人在帐篷里睡觉——

> 他父亲吩咐他，万一他们不在时出了什么紧急情况，他只要开三下枪，他们就马上赶回来。

后来，尼克莫名地“处在恐惧的边缘”，惊慌失措地发了三枪。不难判断：尼克一定是在各种“吩咐”之下长大的，包括玩耍、游戏也被“吩咐”这样或者那样。他没有选择。爸爸替他选择了一切。而放弃了选择，也就放弃了自觉、创造和批判。精神驯化造成灵魂死亡。

回到小说中，后来——帐篷外出现了两个人影，尼克听到父亲与人说话的声音。再后来，父亲大喝一声道：

“穿上衣服，尼克。”

尼克赶快穿上衣服。

爸爸走进帐篷，又说：“穿上外衣，尼克。”

第一遍的“大喝一声”是命令，接着的“说”同样是指挥，毫无商量余地。

从男孩马诺林再到少年尼克，都被“爸爸”强制性地“吩咐”过，由此可以发出两个疑问：爸爸说的就对吗？大人说的就对吗？

海蒙是这样对大人——他的父亲——希望他做个“孝顺儿子”并听从“劝告”，把安提戈涅处死——说的——

> 你不要……认为只有你的话对，别人的话不对。因为尽管有人认为只有自己聪明，只有自己说得对，想得对，别人都不行，可是把他们揭开来一看，里面全是空的。

三

1767年6月15日，柯希莫，一个12岁的少年，在“老规矩”的家庭午餐时，“推开那盘蜗牛”，在父亲的逼视下，坚决“不吃”，之后转过身去，背向大家，走出餐厅，“很快爬上那棵圣栎树”，再也没有把脚放回到地面。多年过去了，奄奄一息的柯希莫抓住一个飘过来的热气球的绳子，一跃而起“飘走了”，也“逝去了”，没有人看到“他的遗体返回地面”——这是卡尔维诺[①]的《树上的男爵》之梗概。

又不是一个梗概。

柯希莫的方向就是男孩的方向——不顺从，有主见，果敢，践行。

与父亲，与老师，与历史，与纪念碑的距离越远，你的道路——越长，越精彩，越有故事。

---

① 卡尔维诺（1923–1985），意大利小说家，被誉为“小说家中的小说家”；代表作品有《通向蜘蛛巢的小径》《看不见的城市》《寒冬夜行人》《树上的男爵》等。海明威出生 24 年之后，卡尔维诺出生。

欺骗要比冷漠好

一

米奇诺娃生于1870年，比契诃夫[①]小十岁，是契诃夫的妹妹玛莎所任教中学的同事，更是好朋友。米奇诺娃颇有才华，懂法文、德文和英文，还有一副好嗓子，立志当演员。她更是一个大美女，玛莎说她“街上的路人见到她，总要多看几眼”，契诃夫自然是“近水楼台先得月”了。1891年1月9日，米奇诺娃向“著名作家”发出了第一封“试探”的信，两天之后他就回信了，到

① 契诃夫（1860–1904），小说家、戏剧家，19世纪末俄国现实主义文学的杰出代表；代表作品有《套中人》《第六病室》《海鸥》《樱桃园》等。契诃夫出生39年之后，海明威出生。

了 5 月 17 日，他便坠入情网。但是，被他唤作“地狱般的美女”与著名画家列维坦热恋了。米奇诺娃“脚踏两只船”也许是看出契诃夫并不急于结婚，这恋情不太靠谱。契诃夫被打乱了阵脚，连连发信给美女，降低姿态，还在一封信的末尾画上“穿心之箭”。单相思持续升温，到 1892 年 3 月 27 日，契诃夫写出了所有情书中最为动情的一句：“丽卡，我热烈地爱着的，不是你。在你身上我爱着我过去的痛苦和逝去的青春。”两天之后又写一封，期望女神前来探望，哪怕是一次谎言的欺骗，更是留下了这句深刻的哲理：“欺骗要比冷漠好。”

之所以讲述这段恋情，皆因这句“欺骗要比冷漠好”——圣地亚哥老人的身边，没有欺骗，却有着无形的冷漠。海明威目光冷峻，捕捉到了老人 / 人，所面临的生存环境驱动了人的行为，有时，恐怕就是一条不归路。

老人独自出海，独自回到岸上，针对老人的空手而返，年轻人的态度是这样的——

他们坐在饭店前的露台上，不少渔夫拿老人开玩笑，老人并不生气。

“玩笑”在这个时候，倒有一种助力解脱的意味，如果顺其自嘲，也是放下。“老人并不生气”也在于此吧。

但是——

> 另外一些上了些年纪的渔夫望着他，感到难受。

这种默不作声地“望着”并“感到难受”，在同情抑或怜悯的背后，寒意如刀，比杀手还冷。海明威高明之处在于没有继续描写老人的态度，也就延续了这种“冷漠”。不能说这些人的“冷漠”是有意的——如果是，再好不过，那就会让老人自发地捍卫尊严——恰恰是这种无意，默默地强化了隔阂与麻木。老人独来独往，也只能独来独往，那些同是渔夫的目光里也就多了几分看客的无动于衷。

岸上的人比海里的鱼，难对付。

二

不要对弱势一方过于关注，安慰多走一步就是伤害。失败者是有尊严的，哪里最疼，他最清楚。

三

1916年7月14日，也许是晚上吧，维特根斯坦[①]打开了笔记本，心情平静，写道——

> 不要对人们生气。他们是一群空虚的无赖。你当然不应该对他们生气。不要让他们的话进入你的内心。当他们不与你说话时，保持平静还是容易的。但是，当他们对你变得无耻和粗野时，你就会怒火中烧。不要生气。生气对你没有任何好处。

显然，维特根斯坦在这一天的某个时段是生气了的。好在思考让这位哲学家火气渐消，劝慰自己“不要对人们生气”。至于“他们”是不是“空虚的无赖”，无关紧要，重要的是——不要让他们的话进入你的内心。

想想：我们常常拿起别人的剪子戳伤自己的手，真是愚蠢。

---

① 维特根斯坦（1889–1951），生于奥地利，后入英国籍，著名的哲学家、数理逻辑学家；代表作品有《逻辑哲学论》《哲学研究》等。维特根斯坦出生10年之后，海明威出生。

明天

一

“看这海流，明天会是一个好日子。”他说。

明天会是个好日子——判断，来自“看这海流”之经验。情绪影响判断。欢喜之下，凡墙即是门。而悲观，瞬间可将满天彩霞涂抹成暗无天日。想或不想，两种选择，两种境界，两种结果：想要什么可能要不到，但是不想要什么那一定什么都要不到。

“想要”个好日子，发心天佑。

面包会有的。土豆会有的。明天晚上戈多会来的——看那树上的树枝，黑暗中长出了两片新叶，虽然是带着泪痕的。

明天，是强壮的。

二

明天会是个好日子——你相信吗？

我，更相信质疑。

我，也就更相信罗兰·巴特[①]所言："只要我觉得世界是敌对的，那就表明我依然和它联系在一块：我没发疯。"

很多时候，愿望就是"发疯"的隐语。所以，要警惕有人告诫"明天会是一个好日子"。

明天就是一个时间概念，但是，捆绑了过多的"馅饼"。可是，此刻你已饥肠辘辘，你会把筷子伸向明天吗？

明天，是虚弱的。

① 罗兰·巴特（1915–1980），法国文学批评家、文学家、社会学家、哲学家和符号学家；代表作品有《写作的零度》《符号学基础》《恋人絮语》等。海明威出生16年之后，罗兰·巴特出生。

出发

一

> 暮色中划船归家的渔民意识不到他们穿越的寂静。

当我从奈保尔《看，这个世界》中读到沃尔科特[①]的这句诗，一下子就记住了。

我必须将这种“寂静”移植到这里——因为海明威

---

① 德里克·沃尔科特（Derek Walcott,1930–），生于圣卢西亚，诗人，剧作家及画家，其作品探索和沉思了加勒比海的历史、政治和民俗、风景，有强烈的历史感；1992 年，沃尔科特获得诺贝尔文学奖；代表作品有《在绿夜里》《海葡萄》《最后的狂欢》《白鹭》等。海明威出生 31 年之后，沃尔科特出生。

同样“意识”到了老人正在“穿越的寂静”——这是诗人的意识。

这时，是第八十四天了，老人还没有打到一条鱼。那天晚上，海明威站在岸边，默默地看着老人——他回来时船“是空的”，收拢起来的帆“像是一面标志着永远失败的旗子”——这是一场广大的“寂静”。船和帆因为这样的“寂静”而凝聚起了默然之力，面对之力，接受之力。如此，老人没有丝毫的抱怨，男孩问他第二天打算上哪儿时，他说——

> 驶到远方，等转了风再回来。我想不等天亮就出发。

不等天亮就出发——果然。

去做，永远比言说更有意义。

二

出发即拯救。

群山回唱，自灵魂深处的寂静。

敞开的门

一

门的存在，可进可出的需要。尽管如此，关门却是常态，不论从里面关上，还是在外面关上。明明知道门外是花花世界，“把门关上”总是一道无声的指令——当服从成为一种本能，一再重复的教诲与训练就是最大的功臣。

门，使木匠的碗里有了肉。

关门，让锁匠的盘子有了鱼。

至于森林哭泣了，只有鸟们才听得见。

鸟的巢，无门少框，翅膀飞天；人的家，装门有槛，脚底踩泥。

二

“大雨倾盆，一连四十个日日夜夜”。就在那一天，挪亚一家老小和那些动物、家禽们走进方舟——

门，是耶和华关上的。

此次关门，是为了打开。

三

老人和男孩往家走去——

他们顺着大路一起走到老人的窝棚，从敞开的门走进去。

老人的家是“敞开的门”。

你可能认为一个“窝棚”里没有什么重要的东西，不用锁。可是，你没有看见过许多穷人家的门，都是上着锁的吗？

敞开的门，是一个象征吗——老人内心的富足。真的富足就是敞开了自己。阿尔贝·加缪[1]说："对我来说，最大的奢侈从来就是与某种匮乏相联系的。"

富足的老人是一个"匮乏"的穷人。

穷人夜晚醒来时，喜欢"望望敞开的门外的月亮"。

很多人，已经不看天空了。

四

米兰·昆德拉[2]说："一个父亲的死亡会留下一扇敞开的门，这也正是我们从小就听到的——你的生命将在你的孩子身上继续，你的孩子就是不朽的你。"

敞开的门，敞开一个世界。

五

12 岁的时候在乡下，遇到一次发大水，很多人家急

---

① 阿尔贝·加缪（1913–1960），法国小说家、散文家和剧作家，1957 年获得诺贝尔文学奖；代表作品有《局外人》《鼠疫》《西西弗的神话》《反抗者》等。海明威出生 14 年之后，加缪出生。

② 米兰·昆德拉（1929–），捷克裔小说家，多次被提名为诺贝尔文学奖的候选人；代表作品有《不能承受的生命之轻》《玩笑》《生活在别处》《小说的艺术》等。海明威出生 30 年之后，昆德拉出生。

于在门前堆起草袋子或垒砌厚墙。有个人把门敞开，拆下两扇门，又绑上一些木板，做成了一个木排，划着出去了——直到现在，我都站在那木排的上面……

一张床

一

“敞开的门”里都有些什么东西呢——

> 里面有一张床、一张桌子、一把椅子和泥地上一处用木炭烧饭的地方。

海明威在我们之前，为什么最先看到的是床?

真实。

对于一个贫穷的老人来说，还有什么是比一张床更实在的拥有：干活累了上床躺一会儿，晚上困了上床睡觉，做爱有张床也总是力与量的承载，至于做梦嘛尽管老人不再梦见妇女们，还是可以梦见狮子——我总能从那张床上嗅到 股浓重的狮子的味道。非洲狮子的味道。

有的人，睡过很多床，却没有自己的床，这样的人故事多，多是穿越与悬疑。

有的人，一张床便是整个世界，这样的人梦多，普鲁斯特[①]堪称代表。

床，既是形式，也是仪式，更是内容。

二

床，在海明威的生活里，是生活，也是寄托。

1916 年 3 月 18 日，他给一位朋友写信，推荐了一些书之后，特意提到“另一方面，除了我那个温暖的床铺以外，我又拥有了一张小床”。

上个世纪 20 年代，海明威同第一个妻子哈德莉·理查森在巴黎度过了几年清贫的日子，他在随笔《一个虚假的春季》里真实地回忆：“我们从未想到我们自己穷。我们不接受这个概念。我们认为我们是高人一等的，我们看不起并且理所当然地不予信任的其他人却是有钱的。……我们吃得不错而且便宜，我们喝得不错而且便

① 普鲁斯特（1871–1922），出生于法国巴黎，自幼体弱多病，生性敏感，富有幻想，10 岁时得哮喘病，拖累终生；代表作品有《追忆似水年华》。普鲁斯特出生 28 年之后，海明威出生。

宜，我们睡得很好而且睡在一起很温暖，相亲相爱。”这里没有提到床，“睡在一起很温暖”显然不是睡在冰冷的水泥地上，至于“相亲相爱”大多数时间是离不开床的。爱巢，最好不要搭建在空中阁楼。

关于床，海明威浪漫而又性感的描写出现在《非洲的青山》，那一夜，他的第二任妻子波琳“滑到床上，就像一条船顺利下水一样”——

> “床真是美妙的地方，对不对？”
>
> “床是我们的祖国。”

床之重要与“祖国”同，可见，床之崇高。可是，“祖国”不长时间又成了“黑毛衣”之柔软——

> “让伤心的事见鬼去，”上校说，闭上眼睛，把头轻轻地枕在那雷娜塔的黑毛衣上，这就是他的祖国。你必须有一个他妈的祖国，他想。这就是我的祖国。

还记得这是谁说的吗？如果忘了，去看《过河入林》吧，坎特维尔上校很是迷人，不过最后他死了——死的方式也迷人。

三

里面有一张床、一张桌子、一把椅子和泥地上一处用木炭烧饭的地方——在我看来，这个“地方”就是世界：床是故乡，桌子是麦场，椅子是让欲望休息之域，泥地上跑过去跑过来的，是狮子……

孤单

一

墙上一度挂着一幅他妻子的着色照，但他把它取下来了，因为看了使他觉得太孤单，它如今在屋角搁板上他那件干净衬衫下面。

“太孤单”。是的，孤单。

老人的孤单冷清而温馨。一个细节展示了老人温情的一面：他将妻子的照片取下来放在自己“那件干净衬衫下面”——海明威强调了衬衫的“干净”——干净得散发着海风的味道吧。

但是，于此我想邀请罗兰·巴特审视我的“爱人絮语”——照片是妻子留给老人的礼物吗？如果是，“礼物是接触、感觉的途径”，那么这张照片被放在老人的“干净衬衫下面”，就是说照片已然转化为身体，将衬衫穿在身上，夫妻俩的身心是能够“接触”到的——是的，我更愿意这样结构。

如果罗兰·巴特不反对，我就同意他的这一观点：任何结构都是可以栖居的。

二

海明威是孤单的，因为他怕孤单。所以，他的身边不缺美女、佳酿、鲜花、奉承，以及西班牙的斗牛士、非洲的草原、狮子、月亮，还有哈瓦那的湾流。但是，他还是孤单。喧嚣之下孤单深厚。

其实，更早的时候，海明威就将孤单注入了人物的血管。

《永别了，武器》中，志愿参加欧战的美国青年亨利有一天晚上——

> 我走出门，突然感到既孤单又空虚。我本来就没有把来看凯瑟琳当回事，甚至都有点喝醉了，差一点儿忘了要来，可来了没能见到她，心里又觉得既孤单又空虚。

还是这个亨利，从战场上逃跑，躲在一列运输火车上，想到凯瑟琳，“内心寂寞，孤身一人，只有湿衣服和硬地板当老婆”。

1918 年 6 月的第四周，“海明威中尉独自一人住在皮亚韦河畔福萨尔塔的一所小房子里，离前线大约 1 英里半”。他给中学同学鲁斯·莫里森写信——

> 我过得很愉快，只是这里没有一个美国人，我很想念他们。天呀，我差点快忘了英语怎么说了。……我看到一个率真而又纯净的美国女孩走过，这幅画让我感到些许孤独。我愿意用我缴获的奥地利自动式步枪、德国式头盔，用所有这些得到的废物和我被卷入战争的际遇来换得和她的一支舞。

《丧钟为谁而鸣》——那位可爱的西班牙老头安塞尔莫在观察敌人的动静时，天一黑下来，就被孤单缠绕住了——

> 黑夜的来临总是使他感到一种孤单，今夜他感到孤单得心里有种空落落的感觉，像饥饿那样。

三

海明威笔下的人物不只是在战争的状态下孤单。

“人人都觉得孤单。”戴维说。

“睡在一起还觉得孤单才可怕呢。”

对话，来自海明威1961年自杀后发表的长篇小说《伊甸园》。青年作家戴维认为“人人都觉得孤单”，很有点哲学家的口吻，也恰好阐明了海明威塑造人物的一个特殊状态；后一句“睡在一起还觉得孤单才可怕呢”是从戴维的妻子，名字也叫凯瑟琳的口里说出来的，散发出一丝参透寻欢作乐以及审美疲劳的冰凉。

是啊，你也曾半夜醒来，看着枕边人的酣睡，莫名地涌起一种孤单寂寞的感觉，再也无法安眠。这个时候，如果再想起海明威的那句“床是我们的祖国”，你会冷笑一声，认为这老兄简直就是在开国际玩笑。

四

没有人没有孤单。

当众人走在前面，你落在后面，这是身体的孤单。

当众声喧哗，你独自沉默，这是心灵的孤单。

身体的孤单会演变成心理的孤单，当你孑然一人蹀躞午夜的街头，冷风吹过，耳朵里始终是自己的脚步声，这种形单影只再加上饥肠辘辘，就会让你倍感寂寞，孤单难诉——这样的情节，在人生漫长的影片放映过程中，不时地就会“淡入”。

孤单是一种大漠的样子。

孤单并不可怕。孤单就像一条围巾，挂在墙角，当你出门时把它围在脖颈上，开始是凉的，慢慢就会暖和起来。

孤单有一种炊烟的味道。

可以远离热闹，婉拒筵席，孤单还是不要拒绝的好。

守不住的孤单便是颓废。

守得住的孤单则是格调。

五

把墙上的照片拿下来——是一个动作，又不是一个动作。

老人把“一幅他妻子的着色照”取下来，是因孤单而思念。

奎恩[1]“只是在最近，他才把妻子的照片从墙上拿掉”，则为不再思念了而无所谓的孤寂。

我将一张青年时代的照片从一个证件上拿下来，压在书桌的玻璃板下，是想让他审视他的现在——这个人，还认识吗？

① 保罗·奥斯特（1947-），小说家、诗人、剧作家、电影导演，被视为美国当代最勇于创新的小说家之一；代表作品有《孤独及其所创造的》《纽约三部曲》《布鲁克林的荒唐事》等；奎恩是他的小说《玻璃城》中的人物。海明威出生48年之后，保罗·奥斯特出生。

离棒球可以再近一点

一

老人喜欢棒球，是洋基队的拥趸——这支纽约市的棒球队是美国职业棒球界的强队。男孩也喜欢洋基队，总是担心洋基队会输，老人则一口咬定，“洋基队不会输”，“相信洋基队吧，好孩子”。老人为男孩灌输信念。

老人崇拜洋基队的迪马吉奥，赞美他是“了不起的迪马吉奥”。老人竟然还有一个偶像，看起来好幼稚，却也有趣。后来，老人还喜欢与一只小鸟聊天，幼稚得更加可爱了。苍老、强悍的内心世界拥有一片柔弱、温暖之隅，才是真的饱满、强大。

二

海明威为什么偏偏“安排”老人喜欢棒球呢?

老人喜欢跑步不行吗?喜欢篮球不行吗?喜欢骑马不行吗?喜欢摔跤不行吗?

不行。

海明威喜欢棒球。而放眼看去,小说中主人公的爱好很少不是作家的爱好。

1915 年 4 月,少年海明威给《棒球杂志社》发信一封,还夹上 2.5 美元,要求编辑“请从 5 月开始给我发一年的棒球杂志”。海明威偏爱快速、有爆发力、极具冲击力的运动。1917 年春天,他给一位朋友写信:“我们成立了一个拳击俱乐部。我已经增肥成功了,现在我正在 165 英镑的班级上课。”其实两年前,他的母亲就观察到儿子迷上了拳击——他把乐室改成了拳击台。母亲好生奇怪:他这么快就不喜欢大提琴了,他可是学校管弦乐队的大提琴手啊。海明威没有理睬母亲的嘀咕。他在信中还总结了两个月来的战绩——被击倒一次;击倒他人四次;认输两次;对手认输六次。他描述了与一个对手较量时的情景——

我们对击了一分钟,然后我就感觉有人用冰水泼我，我下巴肿起来了大约鸡蛋大小的一块。

一位传记作家回忆海明威去纽约的经历时说：“他很少去参加音乐会或者别的音乐演出，不管古典音乐还是爵士音乐。他只会去观看真正的高手的职业拳击赛，有时他会专程来看第一流的冠军拳击赛。要不然就不来。他热爱棒球，去看任何一场比赛；他偶尔来纽约只是为了看世界职业棒球锦标赛。”

可是，海明威喜欢棒球就一定“安排”老人也喜欢棒球吗——这是一个好问题——海明威的一段话可以拿来解释——

若你打算当作家，迟早会把你所有经历的人、事物拿来写。去过的地方、欺骗你的人、气候、跟你上过床的女人、你的成功或者失败，以及你误以为世界为你而造、能如你所愿的那些可笑片刻。

海明威正是这样干的。

海明威不到20岁就奔赴意大利参加了欧战，受伤住在米兰的一家医院期间，与一个护士谈了一场轰轰烈烈却以分手作为结束的恋爱。这段经历在《永别了，武器》中得到翻版。

海明威喜欢湾流，哈瓦那的“瞭望山庄”距大海只有十几分钟的路，天气好时可以尽情地在海里游泳和钓鱼。于是，《岛在湾流中》中的画家托马斯·赫德森就把家安在湾流中的一个岛屿上，三个儿子（海明威也是三个儿子）也喜欢钓鱼和游泳。

海明威酷爱斗牛，早年旅居巴黎时多次与妻子哈德莉和友人去西班牙，一路狂饮一路看斗牛。结果，《太阳照常升起》中的杰克与朋友们就结伴沿着他的线路到了西班牙醉饮狂欢流连于斗牛场，风流成性的布蕾特竟然还爱上了年轻英俊的斗牛士佩德罗·罗梅罗。一个细节很有趣——

> 在观众的欢呼声中，牛耳被割下来献给佩德罗·罗梅罗，他又转而献给了布蕾特，布蕾特用我的一条手帕把牛耳包起来，跟几截穆拉蒂牌香烟屁股一起，塞进了潘普洛纳蒙托亚宾馆她床头柜抽屉的最里面。

有评论家认为，布蕾特并不珍惜那只牛耳，才和香烟屁股包在一起。而这一细节来自真实生活：1956 年，在西班牙，海明威对友人回忆起了当年与哈德莉一起看斗牛的一段故事——

他（卡耶塔诺）是多么漂亮的斗牛士啊！哈德莉爱上了他。不管他到哪里斗牛，她都要去看。有时不斗也去。当然，我们花了最后一点的钱买了火车票，上了这种火车的三等车厢回马德里。卡耶塔诺曾把他割下的牛耳掷了一只给哈德莉，她接住以后，用我的一条手帕将它包起，一路上紧放在她怀里。

海明威擅长打猎，先后与第二任、第四任妻子前往非洲，并写下两部著作《非洲的青山》和《曙光示真》。于是，《乞力马扎罗的雪》中的哈里也跑到了非洲，还有那个获得“短暂的幸福生活”的麦康伯……奇怪的是，海明威第二次非洲之行所乘的飞机失事，大难不死，却让两个著名形象一去不返。伟大的作家，下手都狠。

三

没有生活，就没有作家。只有深入生活、沉思生活、反省生活，再走出生活，那些棒球、牛耳、草帽、项链、牛排、一场夜雨、一次搏斗，才能成为细节、象征，或是力量。海明威说他一生真正喜欢做的事只有三件：打猎，写作和做爱——不假，这三种生活直接干预了他的文学创作。可是，海明威接着又对朋友说：“这三者你都可以给我忠告——然而你没法告诉我怎样驶入一个女人的港湾。”这又如何理解？我看，他是虚晃一枪。这个家伙显然在撒谎：他先后娶了四个老婆，艳遇就不算了，经验可谓老到家了。

其实，艳遇更靠近小说。

好奇心与想象力这对姐妹是必须穷追一生的——好了，离棒球可以再近一点。当然，离牛耳近了，也就离牛角近了——你自己看着办吧。

输

一

老人相信“洋基队不会输”，就像相信“明天会是一个好日子”。但是，男孩从外面给老人带回饭菜和两瓶啤酒的同时，也带来了坏消息——

> “他们今儿输了。”男孩告诉他。
>
> “这算不上什么。那了不起的迪马吉奥恢复他的本色了。”

老人对输并不看重。早一点输就会早一点赢。他关心的是洋基队是不是一直在战斗，迪马吉奥是不是站在那里——了不起的迪马吉奥——年轻时候的圣地亚哥。老人不会忘记，年轻时参加的一次扳手腕比赛，他是赢家，且不止一次。

■ 二

我更敬佩那些屡战屡败的人：尽管是输家——但他战胜的，恰恰就是——输。

更别说输了江山抱得美人归了。

当然，败抑或输，有时会酿出一场悲剧，但其启示的意义足以让胜方无心庆祝。

■ 三

有一种输是在刀口上撒下种子。

男人应该成为水手

一

很多时候，老人活在回忆里。圣地亚哥不能例外——

我像你这个年纪，就在一条去非洲的横帆船上当普通的水手了……

但，这句话可不是老人随便对着男孩说的——海明威“让”老人回忆是为了“引”出他最喜欢、最敬重的——狮子——在傍晚到海滩上来。

当然，这源自他游历过非洲，欣赏过狮子，并用猎枪向狮子射击。

我的耳边，时常响起射向狮子的枪声。

一个硬汉，一头雄狮，相互对视。最后，不论谁倒下了，都是王。

二

“我像你这个年纪”如何如何，是老人们的口头禅。年轻时或意气风发或中流砥柱或叱咤风云，足以慰藉夕阳下的年老体弱与力不从心。好汉必提当年勇，所以说，年轻时就得做些漂亮的事儿。

现在，你可以从老人的回忆中走开了，走得越远越好。

因为没有负担，说走就可以走。

因为没有束缚，想去哪儿就去哪儿。

因为热情，同路人就多，可以患难与共。

因为疯狂，爱山爱水爱动物爱想爱的人。

因为年轻，不怕犯错，手里攥着大把的时间可以去修正。

16 岁那年，海明威订立了一个目标：“我渴望去三个最后的伟大边疆——非洲、南美中部或其他周边国家和哈德逊海湾去从事拓荒或者探险的工作……我相信我在春天进行的远足或在夏天的农场工作，以及在树林中的所有工作，都有助于培养我的智谋与自立，这些在我想要从事的工作中具有不可估量的价值。”海明威游历非洲的渴望没有落空，两部非洲狩猎专著《非洲的青山》《曙光示真》沉甸甸地做了落实；尤其第二次（1953–1954）同第四任妻子玛丽的非洲之行，他的枪口少了许多杀戮之气，而是将注意力更多地集中在当地土著的风俗和生活方式上，并热切地声称自己是坎巴人（Kamba）——生活在东非肯尼亚东南部土著。

你看《岛在湾流中》时，一定注意到了画家托马斯一次在酒吧饮酒时的那个感觉——

> 这酒味使他想起了坦噶、蒙巴萨和拉木，想起了那一带的沿海，心头不由蓦地冒起了对非洲的一片怀念之情。

海明威为什么如此热爱非洲？

《乞力马扎罗的雪》中有一句话应该是个明喻——

> 非洲是他在人生最美好的时光里感到最幸福的地方，所以他来到这里重新开始。

是啊，还有什么比一个男人希望“重新开始”更重要的呢？！

还记得这部小说的引子吧——

覆盖着积雪的乞力马扎罗山山高 19 710 英尺，据说是非洲境内最高的一座山峰。山的西主峰被马赛人称作“纳加奇－纳加伊”，意思是“上帝的殿堂”。靠近西主峰的地方有一具风干冻僵的雪豹尸体。雪豹在那么高的地方寻找什么，没有人做出过解释。

雪豹要寻找的，就是海明威要寻找的。

没有人对雪豹的寻找“做出过解释”，海明威却为自己的寻找做了阐明——在《非洲的青山》的最后，他说：“我热爱这个地区，我有一种在家里的感觉，如果某人对他出生之地以外的一个地方有一种如在家里的感觉，这就是他注定该去的地方。”

我们一直在寻找，不是狮子对麋鹿的寻找，而是双脚对灯光的寻找。这种寻找在流浪之后尤其迫切，就像漂泊的水手对陆地的渴望，对炊烟的渴望，对女人的渴望——你不要脸红，渴望女人证明你是男人。

男人，应该成为一个水手，为“注定该去的地方”，为命运的沧海。

三

2015 年 5 月 25 日。

沈阳北至徐州东，七个小时的火车；徐州东至宿迁南，两个小时的汽车。

傍晚。

我站在了苏北的宿迁——很多人都不知道的一个小城。夕阳下，一切都显得新鲜，美好——那树，那街道，那房子，那酒店的名字，那路边的水果，那从宽大的树叶上吹拂过来的暖风，那微笑的美丽女孩……

心在驿动。

我来这里为了什么？

为了古黄河，为了大运河，为了骆马湖，为了项羽，为了虞姬，为了寻找……我说不清楚。我就是想出来走走。如能遇到想见的人、说想说的话、做想做的事，再好不过。但我不奢望。但我希望。

出来走走——第二天，我就走到了离城20多公里的一座大桥上。大运河从脚下流过，浑浊，缓慢，默不作声。那些看起来很旧的一条条船，也默不作声。我也就默不作声。直到河在远方与天空融为一色——刹那间，我认为河是流到天上去了。

我，走下桥，走过杂草，走过叫不出名字的野花，走上河滩。河水看起来不是长长的了，而是宽宽的，平平的，坦荡而有承载。又有船驶过，看得见上面的人在走——走近我，却是在远离我，与船一起，还有上面的木头、沙子。突然间，我涌上一种被抛弃的遗失感，河水像镜面一样，照出了我的虚空。是的，我早已远离了河水。就这样，我站在被抛弃的时间里。当我想离开时，低头看见了不经意间留下了鞋印。也许看着清晰，却不深刻吧，我蹲下来，捡起一个贝壳，又朝水边走了几步，在湿润的细沙上划出名字和年月日——想不到，看着慢慢悠悠的河水竟然一下子涌过来，瞬间将名字抹去。我哑然失笑：这河水不知抹去了多少人的赫赫大名。你好幼稚。

离开河滩，曲里拐弯地走到桥下，这里停着一条沧桑的驳船，离岸边也就一米左右，我踩在一块大石头上，把脸贴在粗糙、干裂的船帮上，慢慢地听到一种深重的声音，带着回响，似从远古而来，后来才是一个男人和女人的说话声，我猜：两人正在准备做午饭的吧。

我用力拍了拍船帮，希望获得一点回声或是共鸣。没有。船，自然不动；水，自然在流。

我弯下腰，掬起一捧水，这是中午的河水，也是一千五百多年前的河水，水里闪动着岸边洗衣少女的脸，我愿意把她想象成虞姬的模样——谁说这河水不是与乌江的水相连？

我把河水撩起来，再看着水珠落下，落在手上，我也就触摸到了那些船夫的眼泪。

我将河水扬向船帮，看着水在上面像墨迹在宣纸上晕开，呈现一幅淡淡的水墨，只是这幅水墨很快就风干了，就像用贝壳在河滩上划下的名字。

我伸出舌头，舔了舔手心，品尝到了一丝咸味。

于是，我在苏北的行走，就带上了这丝咸味，在古黄河的岸边，在项王故里的槐树下，在骆马湖的芦苇丛，在项王庄的蒸鱼里，在药房买的中药上，在酒店床上的睡梦中……行走的咸味，保鲜了一个失落者的灵魂。

恍惚中，看见老人把受伤的手浸泡在湾流里，那水也是咸的。

四

那在——别处的路上，行走着的可是你的歌声？

在傍晚，狮子来到海滩上

一

海明威“安排”老人到一条去非洲的船上当水手，“目的”就是让老人、也是我们，看见狮子——

> 我像你这个年纪，就在一条去非洲的横帆船上当普通的水手了，我见过狮子在傍晚到海滩上来。

老人见过的狮子非同寻常。或者说，海明威见过的狮子非同寻常。尽管人类用枪炮和陷阱可以征服动物，但动物始终是人类的导师。你从你见过的动物身上，总能学到东西。当然，你见过什么动物也就尤其重要了：见过大象与见过兔子决然不同，见过老虎和猫差异不只是巨大，而见过苍鹰和麻雀可以说一个属于高山一个属于电线杆子。

至于狮子，你可以在海明威第二次非洲之行的《曙光示真》里见到——

> 那头狮子足印巨大，左后脚掌上有疤痕，我们对它已多次追踪，但最终只能眼睁睁地看着它钻进一片草丛逃走……它的狮鬣漆黑浓密，使它看上去几乎周身呈黑色，它头部巨大……它可决不是一头轻易供人照相的狮子。

> 有一次……那头巨大的黑鬣狮正向我们走来，全身只有巨大的头部露在硬挺枯黄的草丛之上。……但在他们说话的时候，狮子转身跑进了森林，一会儿就看不见了……只有高高的草在摇晃。

现在，你再看看在《弗朗西斯·麦康伯短暂的幸福》中，海明威又是如何描写那头狮子的——

> 麦康伯现在看见那头狮子了。它几乎侧身站在那里，抬起的大脑袋朝他们转了过来，迎面吹来的晨风微微掀动着它深色的鬃毛。狮子看上去十分庞大，灰暗的晨光映出它立在堤岸高处的剪影，肩膀

浑圆，躯体圆滚光滑。

出现在眼前与想象中的狮子，几乎一样：庞大，威武，有力，智慧。面对这样的动物，麦康伯开枪之前，“手在颤抖，他离开车子后，几乎迈不动腿。他大腿发僵”。

但在《老人与海》中，海明威淡化了狮子的外形，“狮子就是狮子”，以符号化象征了王者和力量。即：老人眼里的狮子，是他内心强大的观照。他要反复回望狮子，获取精力。

二

老人睡着了，还做了梦，梦里的主角就是狮子——

……他如今只梦见某些地方和海滩上的狮子。

成年的梦大多是岁月的回撤。晚年，卢梭[①]在《一个孤独者的散步的梦》中写道：“梦境中的狂热，已不再

① 让－雅克·卢梭（1712—1778），法国启蒙思想家、哲学家、教育家、文学家；代表作品有《论人类不平等的起源和基础》《社会契约论》《忏悔录》等。卢梭出生 187 年之后，海明威出生。

令我感到陶醉。今后在梦境中产生的，属于回忆性的东西多，属于创造性的东西少……”这是年轻人应该警醒的。毕竟，青葱的梦应该在春天、在冰河、在无垠的荒野、在乱云飞渡的崇山峻岭，而不是在冬天的火炉旁打盹，膝盖上摊开一本老旧的诗集。德国诗人、剧作家汉斯·萨克斯说：“一切诗学和诗艺全在于替梦释义。”如是，生活便是梦的诠释与践行。

梦停滞的地方，印着死神的吻痕。

梦、女人和爱情

一

尼采[1]在《悲剧的诞生》中说："每个人在创造梦境方面都是完全的艺术家，而梦境的美丽外观是一切造型艺术的前提，……也是大部分诗歌的前提。"

让我说，梦还是大部分小说中的人物灵魂的前提。

老人多梦。

老人一再梦见狮子，也就排挤了其他的动物、植物和人的入梦——海明威在透露老人"不再梦见风暴"之后，又冷静地写出了七个字——

① 尼采（1844–1900），德国哲学家；代表作品有《悲剧的诞生》《查拉图斯特拉如是说》《偶像的黄昏》等。尼采出生55年之后，海明威出生。

不再梦见妇女们……

这七个字让我想到意大利作家切萨雷·帕韦哲自杀前（1950年8月27日）几个月的一篇日记中写的："不去想女人，这能做到，恰如人们不去思考死亡。"这思想既够悲切也够崇高：思考死亡，也就想到了女人。倒也是，多少男儿一怒为红颜？为女人而死，死得其所。

所以说，老人的梦里不再有女人，着实吓人一跳：老人也不算老啊，怎么就不再梦见女人了哪？看到后来恍然大悟，老人还是想女人的，只不过是换了一个"替代品"——后面再说一对交配期的海豚相亲相爱暗示的性爱——海明威实在狡猾。海明威的身边花枝乱颤，小说中的女人却是苍白而乏光鲜——这，是不是与那场失恋有关系？小说中的婚姻也不牢固，是不是又与他三离四娶密不可分？

《弗朗西斯·麦康伯短暂的幸福生活》中威尔逊的内心独白——

"她们是世界上心最狠、最残酷、最具掠夺性和吸引力的人，他心想，随着她们心肠变硬，她们的男人不得不软下来，不然就会精神崩溃。"

《三天大风》中比尔与尼克的对话——

“男人一旦结了婚就彻底完蛋了，”比尔继续说。“他什么都没有了。一无所有。屁也没有。他玩儿完了。你见过结了婚的男人吗？”

尼克一言不发。

“你一看他们就知道，”比尔说。“他们都带着这种结过婚的傻样儿。他们玩儿完了。”

二

我们，应该相信爱。

我们，应该像年轻时的海明威一样相信爱。

因为相信爱，而敢爱。

1918 年 2 月 12 日，海明威给姐姐马赛琳娜·海明威写信，说自己“爱上了梅马素，我见到这位漂亮的姑娘并深深地爱上了”。梅马素是个无声电影演员，因主演了《一个民族的诞生》和《忍无可忍》名声大噪。关于这段爱情，有人猜测可能是海明威在堪萨斯城的一次轻舞歌剧的演出中遇见了她，一见钟情。不过数年之后，当有人问她是否见过海明威时，她回答：“没有，但我很想。”

海明威陷入了单相思。1918 年 3 月 2 日，他又在给马赛琳娜·海明威的信中说，“伟大的海明威谈恋爱了，他可忙了。他爱上的这个人不是别人正是梅马素……如果她能成为海明威太太我将会快乐无比，这就是谈恋爱的感觉，或许某一天她会爱我爱得无法自拔”。

啊，谁没有过脚踩云彩的感觉呢。

激情上瘾，只有死亡才配得上做它的戒毒所。

哈洛德·柯依瑟尔[①]是爱情的过来人，他说“激情是不经济的”，继而拿开车说明，“热情洋溢的人也会开车，却不会是个谨慎的驾驶，他会尽情挥霍自己以及所有的资源”。可是，恋爱的时候还要自备一盆凉水，也够滑稽，至于什么时候泼下去，更是技术活，非短期可以操控自如。还是尼采认为的好：高贵的人在充满激情时对理性的冷静是不屑一顾的，只有心胸狭隘的鄙夫才会算计激情的欲望为他带来多少机会和成本。

海明威这边高估自己的能量，母亲那边冷水及时地

① 哈洛德·柯依瑟尔（1962-），时事评论家和沟通顾问，拥有自己的广告代理公司和网络代理公司；代表作品有《当爱冲昏头》。海明威出生 63 年之后，哈洛德·柯依瑟尔出生。

泼过来——

> （婚姻）是一桩美丽奇妙的事；但同时其神圣性也与缔结婚姻时的诚意成正比。你回家时可能会伤残瘸腿，那时候，这个女孩还会爱你吗？婚礼后接踵而至的是常相厮守和一个家庭的小窝，那是一个上有屋顶、周围有四壁的小天堂。……像你认为的那种婚姻势必会很勉强，而且容易招致巨大的痛苦和彼此的误解。让上帝去帮你吧，亲爱的，我可帮不了。

1918 年 5 月，海明威加入美国红十字会，远赴意大利，在战场和后方之间驾驶救护车。7 月 8 日夜，海明威受伤了——应验了他母亲在上封信中的预言“伤残瘸腿”——还成为一战中第一个挂彩的美国人。他被送到米兰一家医院疗伤，这一次，爱神的翅膀又一次落到了病床上。同年 12 月 13 日，他写信给朋友威廉·霍恩，谈到了与女护士艾格尼丝的恋爱进展，“艾格尼丝说我们在一起虽然贫穷，但很快乐，我们至多还有六十年的时光，所以应该尽早行乐。即使我每年可挣一百万，我依旧贫穷。贫穷只是相对而言的”。

海明威陷入爱的迷乱，陷入爱的自言自语的宣言——

令人联想到阿兰·巴迪欧[1]的话：“爱的宣言，就是从偶然到命运的过渡，因此，爱的宣言总是充满着危险，并且往往带着某种令人怯场和令人担忧的成分。”

1919 年 2 月 3 日，海明威回到家乡橡树园。他还没有忘记战争，在给威廉·霍恩的信中对父亲的略显颓废也表示了不解：“我怀念那些过去的战斗，父亲的面庞早已没有了战斗的影子，难道战神被迫害了？”一个月后又给另一位朋友詹姆斯·甘布尔写信，战争依然挥之不去：“真正的英雄都去世了。如果我是一个真正的勇士，我会战死沙场的。”毕竟，战争让他受伤了，也回馈了恋情。但是，恋情急转直下，3 月 5 日他在致威廉·霍恩的信中流露出了担心——她最近的一封信中说，一个意大利中尉正在疯狂地追求她。他向朋友倾诉痛苦：“我现在依旧爱着她。希望艾格尼丝也像我一样，如果她不的话，我的生活就没有什么意义了。”

很少有人去理解青年海明威的狂热，正如很少有人要理解少年维特之烦恼。维特为自己骄傲的心而郁闷：“唉，我知道的事情无论什么人都能知道——而我的心，

---

① 阿兰·巴迪欧（1937–），法国当代哲学家、作家；代表作品有《哲学宣言》《维特根斯坦的反哲学》《爱的多重奏》等。海明威出生 38 年之后，阿兰·巴迪欧出生。

却只是为我个人所有。”

不被理解的激情，也是孤独。而谁不曾为激情所驱动，谁也就不曾为情爱所厚待。

1919 年 3 月 30 日，海明威再一次致信威廉·霍恩：“今天艾格尼丝的信使我的痛苦达到高潮。”原来，3 月 7 日艾格尼丝在给他的信中说，她对他的母爱之情多于爱情，她打算嫁给别人了，“我实在不能接受你还是个孩子”。海明威承认：“我被彻底打败了。”

那时，海明威要是看到诗人里尔克[①]的这句话，他会冷静下来吗：“因为我从不纠缠你，所以我牢牢掌握着你。”很显然，海明威没有看到，也就没有获得启示。

> “如果我不离开意大利的话，这事就不会发生了。真的不能在结婚之前离开你的女人，我知道你不能从我这儿了解女人，就像我不能从其他人那里了解一样。如果你和一个女人恋爱，但离开了她，她需要有人追她，如果正好有人出现的话，那么你

---

① 里尔克（1875–1926），奥地利诗人，生于铁路职工家庭，大学攻读哲学、艺术与文学史，深受法国象征派诗人波德莱尔等人的影响；代表作品有《杜伊诺哀歌》《致奥尔弗斯的十四行诗》《马尔特手记》等。里尔克出生 24 年之后，海明威出生。

就不幸了。事实就是这样……”

海明威放任痛苦：“现在我的整个世界都垮了，我喉咙梗塞，嘴唇发干。”

可怜虫+倒霉蛋+傻瓜=海明威。

在一位传记作家眼里，26岁的艾格尼丝有着“栗色的头发”，“绝非一个胆小怕事”的女孩，反倒是敢于“抛头露面”，在她还是华盛顿哥伦比亚特区的一个图书管理员时，她就“结识了许多男人，乐于同他们一起厮混”。她有“一个水性杨花的名声”，与一名医生订婚了，“不过一旦踏上意大利的土地，她就觉得不再受束缚于他了”。当然，她很美丽，很迷人，“但如果不是她开朗奔放的性格使海明威易于接近并了解她，那么他们可能根本演不出那段浪漫史”。

这段缠绵直接为《永别了，武器》产出了美丽的女主人公：凯瑟琳。

三

你还记得失恋吗——灰头土脸无精打采惨不忍睹弱不禁风整个被霜打了的茄子。不过，对照一下海明威便可释然；被爱情打败，不幸中的万幸，毕竟爱在路上。

但是，海明威毕竟是海明威，治愈了战争创痛，便腾出手来理疗情伤。

1919年4月9日，他给一个经销商发函，需要购买“一根新的钢制鱼竿，长10英尺和一个新的飞镖，一个新的野营用的斧头和野营灯”。他要借助钓鱼、野营忘却失恋。4月18日和27日，他在给朋友詹姆斯·甘姆博的信中说——

> 我现在又恢复单身了……现在关系结束了，我挺高兴的，但我并没有因为它的发生而感到遗憾，因为爱一个人会给你带来好处。……恋爱的时候缺乏理性，我已经为她付出了一切。
>
> 可是，你第一次放弃的时候是很难的。现在不管怎么说我可以做我想做的事了，去我想去的地方，也有时间考虑成为一名作家。

疗程的效果取决于态度：拿得起，放得下。6月15日，海明威在给友人豪威尔·詹金斯的信中对艾格尼丝的“失恋”异常冷静，斩钉截铁——

> 昨天我接到艾格尼丝从罗马写来的信，那份信很令人伤心。他和那位中尉分手了，她现在处于精神崩溃的边缘，并且提到我会认为她为对我所做的

事得到了报应。那个可怜的孩子，我为她感到遗憾，但是我也无能为力，我曾经很爱她可是她欺骗了我，不过我不怪她，但是我开始渐渐淡忘她……

7月2日，海明威再一次对朋友小威廉·霍恩说："艾格尼丝也不能勾起我任何回忆了，她已经消失殆尽了，所有的一切都结束了。"他的处理无疑是正确的：该断则断，绝不拖泥带水。当然，在8月7日给小威廉·霍恩的另一封信中也表示了这场爱情给自己带来的伤感和遗憾："对我来说，有一些逝去的东西不能再回来了。可能我们以后可以再爱上别的女人，但是你知道，我们却不能给她相同的激情了，即使我们想，也做不到了。"

海明威并没有彻底地忘记艾格尼丝。他与哈德莉在法国的婚姻遇到一点麻烦时，曾偷偷给她写了一封信。当年，她被意大利中尉抛弃后回到纽约，很是伤心，有个传记作家说她"想摔些东西，最好让某人也伤心一下，人生真是不值得活下去了"。她给海明威回信了，为他成为作家而高兴，并向昔日的恋人和他的妻子"致以最良好的祝愿"。这段小插曲被海明威写到了《乞力马扎罗的雪》中，但那位哈里只是回忆到了妻子问他"亲爱的，那封信是谁寄来的"就戛然而止，倒也"此时无声胜有声"。

四

爱情永远是一个——问题，只有傻瓜总是试图寻找答案，而所谓的恋爱专家十有八九都是爱情的弃儿，仰望夜空的星星都是眼泪。

海明威是个聪明人，很少直接对爱情进行诠释和分析，他利用人物表达观点，把自己撇得门儿清。《岛在湾流中》的画家托马斯与朋友罗杰·戴维斯有一次喝酒就碰到了爱情——

> “辣椒就辣第一口，”罗杰说，“爱情的创伤也是这样。”
>
> “胡说八道！辣椒两头都辣。”
>
> “那爱情呢？”
>
> “爱情？全是放屁！”托马斯说。

我想，海明威自己都不接受这个“放屁”，否则，他“放屁”的量足够熏倒一个团的美军士兵。那么，他让托马斯如此断言，除了人物性格的需要，是不是也有自己的苦衷呢？

五

圣地亚哥“不再梦见妇女们”，坎特威尔上校也是如此。《过河入林》中有一段雷娜塔与上校间的一问一答——

“你梦见过我吗？”雷娜塔问。

“我想梦见。可是没能梦见。”

上校的话是真的。

上校相信雷娜塔的爱也是真的。

但是，上校“看了看姑娘，她比他见过的任何姑娘都美”之后，又看见：“他看见她们来了又走了，她们走的时候比任何会飞的东西还快。”如果“她们走的时候比任何会飞的东西还快”千真万确，圣地亚哥老人“不再梦见妇女们”也不算错吧。当然，这对年轻人来说有点儿难。对于你来说，就更难了，因为你相信爱情，且将伤痕累累珍藏如慢慢长夜的星光点点。

对于正爱着或曾经爱过，爱就没有错，因为爱，我们体验了新的世界，在这个世界上我们品尝到了给予所反馈的快感、惠好、珍惜。

至于没有去爱或爱过，也不是错，但绝不是对——

不是因为我们要去寻找那一根缺失的肋骨，而是我们失去了一起品尝一枚苹果的滋味——命运的共同承担。

未成历史之前，你还是一道题

一

一个阴天的早上，又想起两个男人：一个是韩信，一个是项羽。

看韩信——《史记·淮阴侯列传》：淮阴屠中少年有侮信者，曰："若虽长大，好带刀剑，中情怯耳。"众辱之曰："信能死，刺我；不能死，出我袴下。"于是信孰视之，俛出袴下，蒲伏。一市人皆笑信，以为怯。

看项羽——《史记·项羽本纪》：于是项王乃欲东渡乌江。乌江亭长檥船待，谓项王曰："江东虽小，地方千里，众数十万人，亦足王也。愿大王急渡。今独臣有船，汉军至，无以渡。"项王笑曰："天之亡我，我何渡为！且籍与江东子弟八千人渡江而西，今无一人还，纵江东父兄怜而王我，我何面目见之？纵彼不言，籍独不愧于心乎？”乃谓亭长曰：“吾知公长者。吾骑此马5岁，所当无敌，尝一日行千里，不忍杀之，以赐公。”乃令骑皆下马步行，持短兵接战。独籍所杀汉军数百人。项王身亦被十余创。顾见汉骑司马吕马童，曰：“若非吾故人乎？”马童面之，指王翳曰：“此项王也。”项王乃曰：“吾闻汉购我头千金，邑万户，吾为若德。”乃自刎而死。

想那韩信，从那胯下看得清局面，也看得清大势，匍匐之上自是天高云淡。

想那项羽，从那“地方千里”的江东再也看不到、也不想看到叱咤风云，一刎了却。

“看得清”与“看不到”决定了生死。

淮安安在？

宿迁归宿？

一声鸟飞过，岸边人，独钓乌江。

二

老人知道自己要驶向何方，所以把陆地的气息抛在后方，划进海洋上清晨的清新气息中。

“知道自己要驶向何方”，乃是苦海的馈赠。老人走过大风大浪，自有方向。年轻时容易迷失，见识少是其一，欲望多是其二：看什么都好，眼花缭乱，花枝乱颤，不知要摘哪一朵。

我们咒骂蜜蜂蜇人，只是忘了蜜蜂才是绝对专业的采花大盗，叮上你不过业余爱好。熊偷吃蜂蜜，也是换个口味而已，它到死都是个食肉动物。

方向不对，努力无异于为浪费添砖加瓦。

三

海明威的短篇小说《印第安人营地》，描写少年尼克跟随父亲去印第安人营地为一个难产的妇女接生。开篇就是黑夜："两条船在黑暗中出发。在浓雾里……尼克躺倒下来，他父亲用一臂搂着他。湖面上很冷。"这时，尼克问爸爸——

> 我们要去哪儿？

男孩之问瞬间"上升"到人类之问——我们要去哪儿？

伟大的作家是不给答案的。

诗性即是可能性。

但是，尼克的父亲必须说明：“上那边印第安人营地去。有个印第安人妇女病得很重。”

孕妇的丈夫三天前不小心用斧头把自己砍伤了。也许是看不到前景，也许无法忍受妻子的叫喊，没有等到儿子出生，他就在产床的上铺用刀把耳根后面割了一道大口子，死了。

于他，死也是一个方向吧。

向死而生的是那个儿子。

从印第安人营地回去时，在湖边，尼克又问了爸爸一句话——

> “死，难吗，爸爸？”
>
> “不，我想是很容易的吧，尼克。要看情况。”

海明威写到这里，先用一个句号让父子俩沉默，也留给了“要看情况”的多样性。这之后，“他们在船上坐下了”，与昨夜的“湖面上很冷”相比，尼克把手伸进水里“觉得很温暖”。

天亮了。

“大清早在湖上”，尼克渐渐地看清了眼前的世界。

四

从战场上归来的尼克沉着、冷静、从容不迫——

他不需要拿出地图。根据河流的方位，他就知道自己目前的位置。

尼克依靠太阳的位置确定方向。他知道自己该在哪里与河流会和，他继续行走在松原上……闻着枝条散发的香味。

方向——老人圣地亚哥知道要去哪里，青年尼克知道要去哪里。那么，你要去哪里？

此刻，你所在之地，希望安住？

五

公元前 206 年 4 月，身在咸阳的韩信在想：是跟随项羽回到故乡楚国，还是跟随刘邦前往汉中？

历史就会给出答案。

只是你，未成历史之前，还是一道题。

去愤怒吧，抱怨是灰色的

一

鸟的出现是叙述节奏的需要——它必须飞来。否则就剩下老人和大海了，缺少新鲜的刺激。鸟将视线从海面抬高了，引向了空中——

> 老人在黑暗中感觉到早晨在来临，……他替鸟儿伤心，尤其是那些柔弱的黑色小燕鸥，它们始终在飞翔，在找食，但几乎从没找到过，于是他想，鸟儿的生活过得比我们的还要艰难……除了那些猛禽和强有力的大鸟。

鸟儿们在为叙述勾勒出一道弧线之外，海明威的另一个目的是让鸟与人同命相连——找食的鸟儿与八十四天没有打到鱼的老人一样，“几乎从没找到过”，“始终在飞翔”。你，我，还有多数人，很多时候就是这些小鸟们，而不是“那些猛禽和强有力的大鸟”。

我们是卑微的鸟人，有一双愿意去飞的翅膀。

负担小，阴影也就小了。

看那里——

一只小鸟从北方朝小帆船飞来。

二

这是一个抱怨的世界。

可是，“鸟儿的生活过得比我们的还要艰难”，再回味这句话，是同情鸟，还是安慰自己，都不重要。君不见彩虹的出现总是比泥泞要少吗?

啜饮污泥浊水，何尝不是胸中海阔天空。

去愤怒吧。

抱怨是灰色的。

愤怒是岩浆的热与力的迸发，因毁灭而建设。

海明威的海

一

海明威的海与你所见的海截然不同——

> 大海就像是我们喜爱的野女人，她使我们都染上淋病，甚至得了梅毒。我们总是管她叫野女人，我想你不会完全爱上她，但是你可能很喜欢她，很了解她，并且一直同她来往。

1952 年 9 月 13 日，海明威在瞭望山庄致信评论家伯纳德·贝伦森，对海的比喻可谓骇世惊俗。《老人与海》中的海同样不同寻常，温柔大度且又风骚怠慢——

> 老人总是拿海洋当作女性，她给人或者不愿给

人莫大的恩惠,如果她干出了任性或缺德的事儿来,那是因为她由不得自己。

海明威通过海来展示女性难以驯服、任性、野味儿的一面："海洋是仁慈并十分美丽的。然而她能变得这样残暴，又是来得这样突然……"海——女人——善变，不确定性，未知，难以掌控——来自海明威被海水摩挲或者拥抱海水时的体验，带有性的联想。海明威的研究专家们发现，这位硬汉一生有过三次比较严重的性功能障碍，而第二次因为患上黑驴病（"黑驴病"在美国是精神压抑和阳痿的俗称）。霍契勒在所著《爸爸海明威》中透露了这样的信息：1951年春，霍契勒收到了海明威的信，说他得了黑驴病。两人在瞭望山庄见面之后，霍契勒果然发觉爸爸比往常压抑了很多，常常沉思默想，这些都是黑驴病重要的症状。海明威是一个不肯认输的人，他强作欢颜："这让我很着急。我从来不喜欢在没有女人，或是没有好书，或是没有《电讯早报》陪伴的时候上床，所以这一回决定不到深夜不去睡觉。"

海明威对海的这两次认识——以女性的性格和身体作为比喻，无意中让我们得以发现了作家的难言之隐——身体的无力导致对海或女人的既迷恋又畏缩。所以说，一个作家很难从文字中将自己的经历、苦楚、悲伤、道路，完完全全地抹去。其实，也不必抹去。那些伟大的作家，我们可以从他的一片树林里，感觉到他的呼吸；也能从他的午夜窗前跑过的一辆马车上，听到他的心跳。如果说我们关心他的伤痛，那也是为了看他如何遮掩并忍着伤感、痛楚，表现出的是光明还是星空，或是泥泞。

二

是海明威“总是拿海洋当做女性”。

是海明威总是离不开海，也离不开女人——

> 我年轻的时候并不想结婚，可是结了婚以后，我再也离不开妻子了。

男人离不开女人，没有什么不好。

海明威离不开海，更没有什么不好。毕竟，海是他的疗伤湾流，温柔之床，女人。

海，是海明威的性能力。

太阳随时会升起来

一

你欣赏海明威“电报式的风格”：准确，简单，明快，干净，直截了当，绝不拖泥带水。可你不喜欢他在一些细节上的钉是钉铆是铆，本来一句话就能搞定，非要掰皮儿说馅儿，絮絮叨叨。这一段又让你不耐烦了吧——

> 不等天色大亮，他就放出一个个鱼饵，让船随着海流漂去。有个鱼饵下沉到40英寻的深处。第二个在75英寻的深处，第三个和第四个分别在100英寻和125英寻深的蓝色海水里。每个由新鲜沙丁鱼做的鱼饵都是头朝下的，钓钩的钩身穿进小鱼的身子，给扎好，缝牢，因此钓钩的所有突出部分，弯钩和尖端，都给包在鱼肉里。……钓钩上就没有哪

一部分不会叫一条大鱼觉得喷香而美味的。

不错，这段可以轻描淡写——老人把鱼饵放进海里，划船远去——简单了，也失去了气氛。其实，耐心看下去，就是身临其境，与老人一起出海，也跟着穿鱼饵、放线、划桨——与人物互动，这是文字的魔力。透过动作、状物，人物内心的情绪、心态得以释放——老人的耐心细致、一丝不苟，是平静是淡定是信心是期待。海明威的厉害之处在于“无声胜有声”。

从老人的船上回望岸上的喧嚣，又会发现：所有的粗枝大叶与粗心大意，都不会带来平静安宁与从容自若。

大鱼，只有大海里才有。

二

海明威是个干活儿的好手。他笔下的男人大多像他——年轻的他，把自己想做的事情、可做的事情、要做的事情、做能的事情，做好。做的时候，用心，专注，投入，有力，孤独，且动作美——

他从背包里拿出斧头，砍掉两条露出地面的树根，这样就清理出一块足够睡觉的地方。平整着沙土地，打开三条毯子……用斧头从树桩上劈下一片闪亮的厚木片，再把它劈成几根固定帐篷用的木栓。……收紧帐篷的四边，把木栓插入地里，用斧子的平头把木栓深深地砸进泥土里……帆布帐篷像一面鼓一样绷得紧紧的。

尼克，一声不吭，果断，快速，动作麻利，胸有成竹，展示了一个男人的训练有素。这个《大双心河》里的青年，多少有点儿老人的影子：独自钓鱼，方向感强，目的明确，准备充分，喜欢与小动物对话，对鱼有感情，肩膀被重物勒紧的疼痛感，躺下来就觉得很舒服，等等。

如果你在写小说，遇到人物凝滞了，激活他的技巧之一就是让他去行动——爬山，野炊，打架，冲着湖面喊，去树林里嚎叫，把一块爱人的镜子摔碎，关上门不带钥匙走了——海明威和他的老师们都是这样干的。

行动又是小说之外的细节连缀，是：炉中火，地上盐，眼睛里影子，呼吸的急促，抓住斧柄的紧张，探视深渊的胆怯，靠近温柔的战栗……

三

尼克醒来准备去钓鱼了。

老人也把一切准备就绪，这个时候——

天相当地亮了，太阳随时会升起来。

太阳之下，有冬眠的蛇，有爬向恋爱的蜗牛，有正在抽绿的高粱……

新的日子

一

他已经明白了一个道理：做人只能过一天算一天，只有今天才作数。只要天还没黑，就还是今天，到了明天，就是又一个今天了。这辈子来他懂得的道理，就数这一条最重要了。

今天是个好日子。

海明威的短篇小说《最后一块清净地》里，少年尼克带着妹妹一起出走，在一片森林里，看到灿烂的晨光，他如是想。

每一天都是一个新的日子。走运当然更好。不过我情愿做到分毫不差。这样，运气来的时候，就有所准备了。

老人一连八十四天没有打到一条鱼，还在为一个“新的日子”情愿“有所准备”。

就跟不知道别的一些事一样，他不知道这个姑娘之所以爱他，是因为他这一生中从没有哪天早上醒来为自己而哀伤，无论是发病时还是不发病时都如此。他经历过苦恼和悲痛，可他从不在早上感到哀伤。

坎特维尔上校“从不在早上感到哀伤”似乎就是海明威自己。1950年，在巴黎，有一次海明威与霍契勒坐在一个跑马场看台顶端的台阶上，他说——

“你知道吗？我在生活里最喜欢的一件事就是清早起来，打开窗户，听到鸟儿歌唱、马儿欢跳的声音。”

此刻，你需要做的就是“打开窗户”。前提是：你要打开的是可能与无限，而不是确定和疆域。

二

新的日子是时间——从树影上看、月形上看、朽木上看、鬓发上看，与山的距离上看——看的是有形的存在——之形拓印于心态：颓废，大厦坍塌；昂扬，世界就此从床上脱缰而驰。

三

新的日子是咽下打碎了的带血的牙齿。

大鱼

一

> 他慢慢划着，直朝鸟儿盘旋的地方划去。他并不着急……

老人“并不着急”，你也不要着急。

阅读是文火煮汤药，慢煎缓熬方出滋补和疗效。

阅读之外的事情也不能太心急。《小窗幽记》是这样说的：宠辱不惊，看庭前花开花落；去留无意，望天空云卷云舒。

那么，老人为什么不着急？

老人知道鱼在哪里。

二

1957 年，在瞭望山庄，58 岁的海明威开始回忆早年的巴黎生活。一天，他又坐回到了丁香园咖啡馆的一个角落——

> 午后的阳光越过我肩头照进来，我在笔记薄上写着。……等我停下笔，我还是不想离开那条河，在那里我能看到水潭里的鳟鱼……但是到了早晨，这条河还将在那里，我必须写它和那一带地方以及一切行将发生的事。以后有的是日子，可以每天写一点。其他的事都无关紧要。

这条河就是《大双心河》——尼克独自一人背着沉重的行囊去钓鱼。他很清楚，“水潭底部藏着大鳟鱼”，而“随着那翠鸟在水面上的影子朝上游掠去，一条大鳟鱼朝上游窜去，构成一道长长的弧线”。曾经说过，尼克与老人在某些地方酷似，且看——

> 他（老人）看着飞鱼一再地从海里冒出来，看着那只鸟儿的一无效果的行动。……我的大鱼总该在某处啊。

一老一小对鱼的所藏之地，或者说对鱼的所在，深信不疑——“水潭底部藏着大鳟鱼”和“我的大鱼总该在某处啊”——某处，即已经判断到并看到了“大鱼”的藏身之地——这是自信和坚信聚焦的存在又反馈给眼睛的影像。于是，有时我们会这样说：“我看到它了！”尽管前面没有实存，我们依然看到了那山那水，比现实的桂林山水更为多姿多彩。

虚的才是美的。

三

不是所有的猎人都知道狮子在哪里。

不是所有的枪手都知道靶子在哪里。

不是所有的和尚都知道修行在哪里。

“我的大鱼总该在某处啊”，这是老人给我们提的一个醒：心中要装的是条“大鱼”。

我们对这条“大鱼”描述、勾勒、寄望得越多，就越靠近了它。

泰戈尔[①]说的更有诗意吧：“如果你在黑暗中看不

① 泰戈尔（1861–1941），印度诗人、文学家、社会活动家、哲学家，1913 年成为第一位获得诺贝尔文学奖的亚洲人；代表作品有《吉檀迦利》《飞鸟集》《新月集》等。泰尔戈出生 38 年之后，海明威出生。

见脚下的路，就把你的肋骨拆下来，当作火把点燃，照着自己向前走吧！”

第八十五天

一

阳光此刻很热，老人感到脖颈上热辣辣的，划着划着，觉得汗水一滴滴地从背上往下淌。

海明威调动了一个长镜头——缓慢地，从高空的太阳向下移，到老人的脖颈，到划桨的双臂，再面对老人的脊背——触觉、味觉、视觉，用简练的白描一一呈现，阅读的参与也就咀嚼出了咸的滋味。这是超过了海水之盐的、汗水的——生活本质的味道，它与泪水常常汇合流淌出生命的长河，在思索的骨头里凝结成钙，在苦难的血液里融化为歌；但它拒绝与弱者拥抱，岸边的叹息也远离了它的抚慰。

“汗水一滴滴地从背上往下淌”，老人想的是——

今天是第八十五天，我该一整天好好钓鱼。

“一整天”说长也长，说短也短；可以是开始，也可以是结局；可能才牙牙学语，还可能就走完了生命历程。所以，好好钓鱼吧，好好工作，好好学习，好好恋爱，好好旅行——用好“一整天”的意义不啻用好一生。

老人心里默念着“今天是第八十五天”，“凝视着钓索”，就在这时——

看见其中有一根挑出水面上的绿色钓竿猛地往水中一沉。

“来啦。”他说。

该来的终会来的。

老人判断这条鱼“待在600英尺的深处”，在“漆黑的冷水里”，并“求天主让它咬钩吧”。

这会是一条大鱼吗？

二

大鱼的游来不会兴风作浪，正如机遇的到来绝非大张旗鼓。

很快，老人就感觉到鱼咬钩了，很大的鱼，因为“跟着分量越来越重了，他就再放出一点钓索。……他如今已经准备好了。……还有三个40英寻长的卷儿可供备用”。不长时间，老人觉得这条鱼超乎想象的大，它“使劲地猛拉钓索”，“只顾慢慢地游开去，老人无法把它往上拉一英寸”。

《老人与海》的叙述到了大鱼咬钩，方才紧张起来——这就是节奏感。如果继续波澜不惊，老人不睡着，你也发困了——好了，大鱼拖着“船儿慢慢地向西北方向驶去”，你也就被海明威牵着走了。

鱼在水下，船在水上。

这段时间，老人又会想些什么？

老人想到了男孩。

而我想的是：这个男孩到底是谁？

这个男孩到底是谁

一

老人渴望钓到大鱼。所以，我十分关心他钓到大鱼之后的心情和神态。我失望了。老人没有一点儿喜形于色，只是说了一句此后不断重复（应该说了七遍）的话——

> “但愿那男孩在这儿就好了，”老人说出声来。“我正被一条鱼拖着走，成了一根系纤绳的短柱啦。……谢天谢地，它还在朝前游，没有朝下沉”。

“但愿那男孩在这儿就好了”——那一时刻，圣地亚哥为什么想起了“那男孩”？

老人寂寞了。

每个人都是寂寞的——圣地亚哥独自出海，尼克独自钓鱼，亨利告别离世的妻子独自在雨中走回旅馆。但是，海明威比他们都寂寞。海明威对“那男孩”的需要超过了圣地亚哥，从精神到肉体。

我相信，海明威把自己对儿子的情感，糅进了老人对男孩的感情之中。

二

海明威的第一任妻子哈德莉为他生了儿子邦比，第二任妻子波琳为他生了二儿子帕特里克和三儿子格雷戈里。应该说，海明威想成为儿子们的好父亲，经常带着他们去钓鱼、野炊、爬山，并教会一些木匠活，就像当初父亲对他那样。

父亲是路。

父亲是光。

父亲是药。

父亲是马……

海明威希望儿子们需要他带路和指点的时候，自己可以出现在他们的身边，遗憾的是他们抬头寻找到的他，常常在另一个比母亲更年轻的女人身边。事实就是这样：每当这个妻子为他生了儿子之后，他就会爱上另一个女人并与妻儿分离，不不，他与玛丽结婚时第三任妻子并没有为他生儿育女。唉，三个儿子都跟了前妻，海明威与儿子们的亲近时间只剩下零打碎敲了。

海明威常常把自己的孤单向哈德莉袒露。1943 年 11 月 25 日，他在瞭望山庄给哈德莉发信，像聊天一样唠起家常，说自己养了猫、狗，孩子们都来这里时一定很热闹，“但我一个人时就像被抛弃了一样孤单”，只好训练宠物打发寂寞。

《岛在湾流中》有这样一段情节：三个儿子下海游泳，托马斯·赫德森在作画，儿子们上岸后，对爸爸说——

> “嗨，爸爸，”老大说，“今天工作顺利吗？”
>
> “你打算去游泳吗，爸爸？”老二问。
>
> “海水里可舒服着哪，爸爸。”小儿子说。

此情此景就是三个儿子与海明威在瞭望山庄的一个翻版。

没有生活，海明威不会写得如此细腻、传神——

> 夜里托马斯·赫德森几次醒来，听见小家伙们始终鼻息很轻，睡得很熟。借着月光看去，三个小家伙个个都看得见。……三个孩子已经重又占据了他大半个心灵，一旦离他而去，势必要在他心中留

下一片空白，那可是有他难受一阵子的。

一旦孩子们走了以后，寂寞就将长驱直入。

他一向爱自己的孩子，可是以前却从来没有意识到自己的这份爱竟是这样的深，身边没有他们竟又是这样难受。

1944 年 9 月 15 日。在德国，海明威在他参加的步兵师总部附近，给二儿子帕特里克写信，“老鼠，我一直都很想念你、老朋友格雷戈里和邦比，还想起我们在一起时的快乐时光”。他称呼儿子的绰号老鼠，也毫不隐晦地讲述了在伦敦受伤后，玛丽对他的照顾以及两人在巴黎的再次相见，还夸奖玛丽“真是特别好的姑娘，在我最困难的时候照顾我”。很显然，在他“最困难的时候”第三任妻子玛莎并没有尽到责任，至少他是这样想的。所以，他明确地告诉儿子，“老鼠，我的孩子，如果我们（与玛丽）下两周继续交往，我将会拥有一位漂亮的妻子”。海明威如此毫无顾忌，一方面表明父子之间没有阻碍，一方面也算给儿子们打个招呼，因为他们对玛莎这个继母都很好——海明威与玛莎在瞭望山庄的日子里，她对丈夫三个儿子的到来总是热烈欢迎，相处融洽。

三

海明威热爱儿子，为什么不能为了儿子而远离后来的波琳、玛莎、玛丽或者别的女人？如果非要给个说法，也只能说：在海明威的世界里，儿子们远没有女人们更重要吧。为此，他心存愧疚。他无法离开女人让儿子们满意，但他有能力改变故事里的人物——在老人的身边安排一个男孩出现——当然，他做到了。

但愿那男孩在这儿就好了——这是老人的内心独白——更是海明威的心中孤寂。

因为没有，才渴望。

谁的草帽，谁的痛

一

想念如此真实，又如此遥远，老人的视角从男孩的身上回落到水里的大鱼。

大鱼太沉了。

老人担心它潜入海底，死在那里，无法把它拉上来。忧虑。孤独。看不到岸。老人提醒自己：“……我必须干点儿什么。我能做的事情多着呢。”接下来，老人“攥住了勒在背脊上的钓索，紧盯着它直往水中斜去……过了四个钟头……老人依然紧紧攥着勒在背脊上的钓索”。

疼痛。

《大双心河》：尼克“顺着这条路走，感到沉重的包裹把肩膀勒得很痛”。

《乞力马扎罗的雪》：哈里“可以像任何一个男人

那样忍受疼痛”。

疼痛，经过描述常常具有传导效应，阅读也就会不知不觉地呼吸急促，肌肉紧张，甚至胃痉挛。

他在钓上这鱼之前，早把草帽拉下，紧扣在脑门上，这时勒得他的前额好痛。

草帽勒得老人的前额好痛，是——耶稣——头戴荆棘的疼痛吗？

我看见海明威露出一丝冷笑。

我无法接受他的冷笑。因为后来，当老人与鲨鱼搏斗时发出“Ay”的尖叫，“就像一个人觉得钉子穿过他的双手、钉进木头时不由自主地发出的声音”之时——“尖叫”便穿越时光——停留在耶稣被钉子钉在十字架上的时刻。

此时，我必在那一时刻。

如果疼痛相连，疼痛也就实现了拯救。由苦而生的相互依恋，亦如此。

二

疼痛是肉体在深渊的邀请。

疼痛是灵魂在路上的签到。

哈瓦那的灯火

一

保罗·奥斯特说："把感知能力降至仅仅是一双眼睛的视觉，这就逃避了思考的义务……"不错，但阅读拒绝此种"逃避"。

> 随后他回头一望，陆地已没有一丝踪影了。这没有关系，他想。我总能凭着哈瓦那的灯火回港的。

老人的回望与内心独白发生在"前额好疼"，"喝了一点儿水，然后靠在船头休息"，不去想其他的事情，"只顾熬下去"的时候。回头——陆地——灯火，构成一条长长的缆绳，一头在岸上，一头在水中，老人的寂寞系在上面。而疼痛让老人想家了。人在受伤之时，家里的床、窗帘、椅子、灯光、厨房的味道、墙上的照片，都是药。

疼痛是一条返乡的路。

二

谁在路上，谁也就在返乡。

荷马[①]史诗《奥德赛》流传至今，一个重要意义就是返乡——奥德修斯经历十年的特洛伊战争之后，归家途中船碎深海，被女神卡吕普索救起又阻留孤岛，尽管女神“温柔地照应他”，并答应他“长生不老”，还是改变不了他“胸中的心意”。每天，他都“眼望苍茫喧嚣的大海，泪流不止”，渴望“从故乡升起的缥缈炊烟”——伊萨卡岛，可以说是《奥德赛》的终点。

每个人心中都有一座伊萨卡岛。

1302 年，但丁被意大利佛罗伦萨城的敌党放逐，漂泊异乡。1315 年，从佛罗伦萨传出消息：逐臣们只要肯付一笔罚金，再头上顶灰、颈下挂刀游行街市一周，就

① 荷马（前约 873 年 – 前约 8 世纪），古希腊盲诗人；代表作品是《伊利亚特》《奥德赛》。荷马出生大约 2 772 年之后，海明威出生。

可以回家。但丁气愤至极，回信友人："这种方法不是我返国的路呀！要是损害我但丁的名誉，那么我决计不再踏上佛罗伦萨的土地！……难道我不向佛罗伦萨市民躬身屈节，我便不能亲近宝贵的真理吗？……我不愁没有面包吃！"也许，土豆会有的，面包也会有的。但是，《神曲》之"天堂篇"中，但丁还是借助了一个灵魂诉苦："你将懂得别人家的面包是多么含有苦味，别人家的楼梯多么升降艰难。"如此这般的"苦味"与"艰难"，让但丁在劝告他人的同时也告慰自己"回到"了那"熟悉的岸上"——

你们呀，坐着一条小划子，
跟着我唱着前进的船，
一路听到此地，
请回到你们自己熟悉的岸上去吧！

但丁的"失乐园"没有发生在弥尔顿[①]的身上。1637年，弥尔顿渐渐厌倦了安静的田园生活，渴望外面的世界。

---

① 弥尔顿（1608—1674），英国诗人、政论家；代表作品《失乐园》与荷马的《荷马史诗》、但丁的《神曲》并称为西方三大诗歌。弥尔顿出生大约291年之后，海明威出生。

于是，他出走了——法国、意大利、瑞士，都留下了他的游学之履。他遍访各界名流，在但丁的故乡佛罗伦萨期间，他还造访了囚禁在家的天文学家伽利略。他乐不思蜀。但是，当他在日内瓦获悉自己的国家要进行一场内战时，立即中断游历，于 1639 年 8 月启程返回伦敦。他急迫归家无疑是担心：一旦内战爆发，烽火连天，自己就回不了家了。弥尔顿回家之后，先是创办了一所学校，又在 1642 年娶妻。显然，弥尔顿用投资和婚姻让自己的根稳扎下来。很难想象，如果不回家他会创作出《失乐园》，而长诗的最后几句，亚当和夏娃告别伊甸园之难，不正是难舍故土吗——他们，手牵手，步履踉跄，步伐缓慢，穿过伊甸，踏上他们的寂寞之旅。

人们，难舍故土，也就无时无刻不在归乡之途。且看荷尔德林[①]的这首《返乡——致亲人》——

回故乡，回到我熟悉的鲜花盛开的道路上，

---

① 荷尔德林（1770–1843），德国诗人；青年时代与黑格尔和谢林交友，后来在多个地方做家庭教师，1802 年徒步回到故乡，得知在诗中称为“狄奥蒂玛”的情人病逝后，精神开始错乱，1843 年 6 月 7 日去世；代表作品有《给大地母亲》《在多瑙河源头》《漫游》《莱茵河》等。荷尔德林出生 129 年之后，海明威出生。

到那里寻访故土和内卡湖畔美丽的山谷，
还有森林，那圣洁树林的翠绿，在那里
橡树往往与宁静的白桦和山榉结伴，
群山之间，有一个地方友好地把我吸引。

1954年，加缪出版了随笔集《夏天集》，其中的几篇描写了他回到祖国阿尔及尔的情景。《重返蒂巴萨》一文延续了《蒂巴萨的婚礼》（《婚礼集》）中对家乡的拳拳之爱，他写道："从那些认得却叫不出的人的脸上看出了自己的年龄。我只知道他们跟我一起年轻过，而现在已不再年轻了。"尽管光阴荏苒，尽管贫穷落后，但"那时候，我是在生活"。可见，故乡在作家心中就是生活的资粮和源泉。加缪在《没有过去的城市之小指南》中动情地袒露："至少我可以说它是我的真正的祖国，在世界上任何地方，我从那抓住我的笑声，认出了它的儿子和我兄弟。"

如果说加缪可以从故乡抓住自己的笑声，爱德华多·加莱亚诺就把自己变成了一条三文鱼，永远也游不出故乡之河。他在《拥抱之书》之"眷恋故土"中如是说：我走在我出生的这座城市的街道上，我逐渐认出了她，我感觉我从未离开过她。……在游过大海大洋之后，三文鱼在寻找它的河流，它找到了并逆流而上，循着河水的气息，它找到了它生命之初的那条小溪。

是啊，我们在外面的精彩的世界丢失了太多的东西，只有回到故乡才能找到它们——那是画在窗花上的大树，那是埋在沙里的星星，那是外婆永远热的茶汤，那是父亲张望远处的叹息，那是土路上风尘仆仆的赶路人，那是小巷深处吆喝芝麻糊的声音……那是我们生命的起点。

当然，有人说，起点就是终点。

1953 年，达尼·拉费里埃[①]生于海地共和国的首都太子港，23 岁时流亡到加拿大，2010 年完成的《还乡之谜》有一句诗——“我从旅馆的阳台，眺望着太子港”，当主人公回到故土，小说也结束了——

这是旅行的终点。

真的有终点吗？

约瑟夫·布罗茨基说：在精神奥德赛中，没有伊萨卡岛——是啊，伊萨卡岛何尝不是精神之屿。真的善的

① 达尼·拉费里埃（1953-），小说家；代表作品有《如何跟一个黑人做爱而不疲累》《往南方去》《还乡之谜》等。海明威出生 54 年之后，达尼·拉费里埃出生。

返乡之探索，没有尽头，也没有归路。

三

看不到家了，才想回家。

看不到路了，回家是路。

回家，男人便把浪迹天涯的道路打造成一把丢失的钥匙。而老人，可以凭着哈瓦那的灯火回港。

当然，此刻返乡，为时太早。

看那大海，静默如谜。

对手

■ 一

对手的存在，是毁灭的存在。
对手的存在，是拯救的存在。

但愿能看到它。但愿我知道我的对手是什么样儿的，哪怕只看一眼就好。

老人一直被动地由大鱼牵着走，紧张是有的，恐惧也是有的。他想知道对手有多大，嘴巴是不是被钓钩死死地钓住了，它是不是累了，等等。看清了对手才能看清自己。一个不清楚对手在哪里的男人，一定是会被对手打败的男人。罗马尼亚哲学家卢奇安·布拉加[1]说："不尊重敌人意味着丧失克敌制胜的一个机会。"

二

他想象那条鳟鱼待在河底的某个地方，贴着沙砾保持身体的位置，在原木下方光线照不到的地方，下巴上还钩着鱼钩。……他敢打赌这条鱼一定很愤怒。

想在较量中占有主动，应该像尼克这样：能够判断出鳟鱼"一定很愤怒"了。

相对于静默，愤怒的对手易于对付。

你要学习按兵不动。

三

没有对手，自己迟早会被自己打败。

对手的样子，很多时候是另一个自己。

① 卢奇安·布拉加（1895–1961），罗马尼亚作家、诗人、戏剧家和哲学家；代表作品有《岁月之歌与记事》《神殿的基石：布拉加箴言录》等。布拉加出生4年之后，海明威出生。

四

面对对手，能够转身吗？

对，是转身，不是逃避——又会发生什么事情？

一对海豚“相亲相爱”的隐喻

一

看不清哈瓦那的灯火，老人有点儿分神，第二次想起男孩来，“但愿男孩在就好了。可以帮帮我”，并“让他见识见识这种光景”。老人感到了一丝孤独，“谁也不该上了年纪独个儿待着”——这话，就是海明威在瞭望山庄的自言自语。夜晚，老人该如何度过——

> 夜间，有两条海豚游到小船边来，他听见它们的翻腾和喷水的声音，他能辨别出那雄的发出的喧闹的喷水声和那雌的发出的喘息般的喷水声。
>
> “它们是好样的”，他说，“它们嬉戏，打闹，相亲相爱……”

这段描写让我想起 2013 年夏天看过的那部小说:《我是海明威在巴黎的妻子》。其中两处印象深刻——

之一：他（海明威）所做的第一件事，就是用那双迷人褐眸凝视我，对我说：“我或许醉得两眼昏花，不过你确实气质不凡。”

之二：1921 年 12 月 8 日，我们登上“利奥波尔迪娜”号，启程前往欧洲。我们彼此依偎，凝望大海。这片汪洋无垠浩瀚，既美丽又危险——而我们要的就是这样的旅程。

一男一女之“彼此依偎”与海豚雌雄之“相亲相爱”——我敢说是有联系的。

再联系到那片海域，海明威生动地描写了一场生离死别——

他想起有一回钓上了一对大马林鱼中的一条。雄鱼总是让雌的先吃，那条上了钩的正是雌鱼，它发了狂，惊慌失措而绝望地挣扎着，不久就精疲力尽了，那条雄鱼始终待在它身边，在钓索下窜来窜去，陪着它在水面上一起打转。这雄鱼离钓索好近，老人生怕它会用尾巴把钓索隔断，这尾巴像大镰刀般锋利，大小和形状都和大镰刀差不多。……老人把雌鱼拖上船来，那雄鱼一直待在船舷边。随后，当老人忙着解下钓索、准备好去拿鱼叉时，雄鱼在船边高高地跳到空中，看看雌鱼在哪里，然后钻进深水，它那淡紫色的翅膀，实在正是它的胸鳍，大大地张开来，于是它身上所有的淡紫色宽条纹都露出来了。它是美丽的，老人想起，而它始终待在那儿不走。

它们这情景是我看到的最伤心的了，老人想。

海明威为什么要描写海豚的"相亲相爱"，接着并对一对大马林鱼的生死相依又不得不分开感到"最伤心的了"？如果情节需要——我恰恰觉得删去这些并不影响整篇的叙述节奏和完整。我隐约感到：这里面隐含着海明威对自己情爱史的反思和清理，就像安排一个小男孩在老人身边可以方便地表达对儿子的思念。

二

1926 年 9 月 7 日，海明威写信给司各特·菲茨杰拉德[①]，倾诉苦衷："哈德莉和我仍然分开生活。……我们

① 司各特·菲茨杰拉德（1896-1940），美国作家，"爵士时代"的发言人和"迷惘的一代"的代表作家之一；代表作品有《人间天堂》《了不起的盖茨比》《夜色温柔》等。菲茨杰拉德出生 3 年之后，海明威出生。

的生活一片昏暗，好日子屈指可数。更不用说哈德莉曾经的傲慢了，每件事，每个方面都是我的错。……自去年圣诞节到现在，我过着地狱般的生活。很多夜晚在失眠。……我们创造了我们的地狱，我们当然要喜欢它。”海明威没有撒谎，因为一旦离开女人，生活立刻土崩瓦解。他离不开女人，又做不到那条雄鱼对雌鱼的依恋，任何女人与海明威的情爱之旅，都是既美丽又危险的。

当然，海明威不是没有内疚。

《岛在湾流中》的托马斯·赫德森和三个儿子，就是海明威与三个儿子的翻版；托马斯的许多感慨和愧疚之情也都是海明威的真实写照——对第一任妻子哈德莉的——

他当初所爱的第一个女人，他至今还旧情难忘。

我真正心爱的女人只有一个，后来却把她丢了。

这种情感契合了《我是海明威在巴黎的妻子》中文版封面上的那句话：“我多希望，在还只爱她一个人的时候就死去。”

别说，海明威与哈德莉的相恋真是充满了文学色彩。

1920年11月16日，海明威在一封信中对哈德莉的离开悻悻的，“自从她走了以后，我过着很平淡的生活”。12 月的第一周，哈德莉去看海明威，在芝加哥火车站分别时，他没有吻她。她离开时也是很伤心，在 12 月 20 日的信中写道：“我觉得你或许真的不想吻我送别……我伤透心了，我真的不想离开。”三天之后，他致信她的时候情感开始升级了：“你可以让我嫉妒，你可以狠狠地伤我，我对你的爱很深，你随时都可以像往盔甲的裂缝里刺入一把剑一样去伤害我，甚至让我进地狱。”

海明威的爱之狂热在《我是海明威在巴黎的妻子》开篇则是这样的——

> 他所做的第一件事，就是用那双迷人褐眸凝视我，对我说：“我或许醉得两眼昏花，不过你确实气质不凡。”

的确，这个家伙很有手腕，讨女孩子的欢心。要知道，哈德莉大他 8 岁，都被他迷住了——他多会说吧：她的“网球打得很棒，弹得一手好钢琴”是他“所听到的最好的……”，她的“文章写得也很好”。而在她眼中，海明威“外貌不算阴柔，但完美无瑕，略带英雄气质，宛若从描述爱情和战争的希腊史诗里走出来的人物”。

《我是海明威在巴黎的妻子》比较真实地还原了两

人的情感生活。且看哈德莉与海明威在火车站分手时的情形——

> “你可以在这里放我下车。”接近车站时，我告诉他。
>
> “给男人一个机会有那么难吗？”他说，找地方停车。
>
> “不难，或许不难。”
>
> 几分钟后，我们并肩伫立在站台上。我握着车票和皮夹，他提着我的行李，从一只手换到戴手套的另一只手。一见到银褐车身的火车冒着白烟和煤灰徐徐进站，他将行李放到脚边，忽然搂我入怀，紧紧抱住。
>
> 我的心跳好快，不晓得他是否感觉得到。
>
> “我从没见过像你这样的人。”我说。
>
> 他沉默不语，只管吻着我，从那一吻，我感觉到他浑身散发的温暖和生命力。……站台上人来人往，但我们只感受到彼此。几分钟后，我终于登上火车，双腿不停颤抖。

1921年4月28日，海明威在给小威廉·史密斯信中感慨——

想要得到更多，就不得不放弃一些东西。但这并不能阻止我喜爱我已经拥有的一切。事情就是这样的。每个人一生中都会喜欢一两条河流甚于世界上的任何事物。哎，爱上一个女孩，又喜欢这些河流，真是占据了我所有的心思。

1921 年 7 月末，海明威在给母亲格蕾丝的信中解释了自己为什么如此早就想结婚——

在你看来，我这么年轻就娶妻生子，开始可能十分无聊的婚姻生活可能有些可怕。但是事情并不一定像你想的那样。两个彼此相爱的人在一起，相互交流，彼此理解，在工作上互相帮助，并为对方消除那种即便在众多朋友包围中也挥之不去的孤独感。你知道，结婚是十分美妙的。我们在为拥有一个美好的婚后生活而努力。

1921 年 8 月 21 日，哈德莉似乎要配合一下海明威的心情，袒露了激情的心声："我生命的每一部分需要你。我想被你亲吻，我想把你的头按在我的胸口上，紧紧地抱着，那样一连几个小时地拥抱你，你这幸福的东西——爱你，爱你——这世界上最属于你的人。"

两人相爱，势不可挡。

1921 年 9 月 3 日，海明威与哈德莉结婚了。12 月 8 日，他们前往法国，20 日抵达巴黎。之前，哈德莉说了一句诗人般的话：“这世界是一座监狱，让我们一起去砸碎它。”

1921 年 9 月 23 日，海明威致信作家舍伍德·安德森[①]——

> 现在我们在这里了，我们坐在圆顶咖啡馆外面，对着正在重新装修的圆顶大厅，用一个木炭火盆取暖。外面冷得要死，而火盆却使我们很暖和。我们喝着热热的朗姆混杂酒，感觉喝酒时就像圣灵进入身体里一般。

从这些信中可以看出海明威对哈德莉的感情之浓之深。可是，到了 1926 年 11 月 18 日，情势陡变。海明威致信哈德莉——此时，哈德莉完全知道了丈夫与波琳的暧昧关系，提出离婚（两人于 1927 年 1 月离婚）。海明

---

① 舍伍德·安德森（1876－1941），美国小说家，对海明威早年的文学创作帮助极大；代表作品有《饶舌的麦克佛逊的儿子》《小城畸人》等。安德森出生 23 年之后，海明威出生。

威倒也实话实说——

> 如果不和你结婚，如果没有你的忠诚和自我牺牲——事实上是背后的资金支持，我不会写任何一本《在我们的时代里》《春潮》或者《太阳照常升起》。
>
> 我必须看到你得到了《太阳照常升起》的版税，哈德莉，请作为礼物收下，别拒绝。这真的是你的权利和应得的，如果你很慷慨地把它作为礼物收下，我会非常开心。

《太阳照常升起》于 1926 年 6 月出版，扉页上印刷着：谨以本书献给哈德莉和约翰·哈德莉·康尼诺（海明威与哈德莉的儿子）。

“题献”与版税都无法抹去哈德莉的创痛。不久之后，她在见到珀金斯时说：“我意识到自己成了海明威的附属品，而他觉得需要更多刺激。有时候距离太近的结果只能分开。”

1926 年 12 月 3 日，海明威在巴黎给波琳写信——

> 最近我的心灵被深深地震撼着，我知道不管怎样，我的身体、意志和精神都对你忠诚，只要我还

拥有它们。

我们的相爱应该愉快和坚持，可以看得到未来……

1926年12月12日，海明威又给波琳写信——

我整夜地想着你……想不起其他的事情。所有我可以想到的是，你是我的所有，我爱你胜过一切，我可以为你放弃任何事情，背叛任何事情，毁坏任何事情。……我念着你睡觉。我爱你爱你爱你——我爱你到死！

别说波琳，任何女人看到这样的表白都要为之倾倒，为之陶醉，为之抛开一切，投入这个男人的怀抱——结果就是：波琳为海明威生了两个儿子之后，他又爱上了另一个女人——1940年11月21日，海明威与玛莎结婚了。

海明威的爱情誓言，一再重复地对他喜欢的女人去说——她们也都相信了。相信爱情没有错。

是相信海明威，错了。

而“哈德莉”们的错，错就错吧，毕竟爱上一个人才是爱情的前提。错总是在对之后。如果怕错，就连错也不会有了。

错是生命的盐。

三

1942年5月，在古巴，海明威将“皮拉尔”号船改为一艘神秘船，追踪德国潜艇，并从6月12日开始了巡逻。10月末，玛莎到哈瓦那与海明威团聚，海明威将巡逻的任务交给其他人，自己却开始酗起酒来，玛莎很不满意。12月30日，玛莎到圣路易斯看望母亲，海明威的这一年就这样既有刺激又有平淡地过去了。1943年一开始，海明威还是住在瞭望山庄，日子寡然无味，与玛莎的婚姻也亮起红灯。6月7日，帕特里克和格雷戈里来到山庄避暑，让他很开心。两个儿子走后不久的10月25日，玛莎乘船从纽约奔赴葡萄牙的里斯本，报道欧洲战事。对此，海明威又气又嫉，拼命喝酒打发日子。1944年3月，海明威答应一家杂志为其撰写战事报道，5月17日飞往伦敦，遇见了美丽的记者玛丽·威尔士，他眼前一亮。5月25日，海明威在伦敦朗兹广场遭受了一次严重的摩托车事故，得了脑震荡，住院期间玛莎去看了他，对他的嚷闹很是生气。海明威不以为然。因为玛丽经常看望他，体贴细心，令人安慰。出院以后，海明威与玛莎各自为政，在前线与后方来回穿梭；7月18

至 23 日，海明威跟随乔治·巴顿将军的师行动，又“改编”到第四步兵师；之后又发生了一次吉普车交通事故，脑震荡加剧；8 月 25 日，海明威与朋友一起进入巴黎，“解放”了好多地方，其中之一就是对他在 20 年代文学创作有过鼎力支持的西尔维娅·比茨书店，也即今日的莎士比亚书店……这期间，海明威与玛丽情书不断，他称呼玛丽为“小朋友”，一些话肉麻而幼稚，见缝插针地示爱，“我很想念你，因此我是空虚的，为了充实自己，我夜以继日地忙于战争的事”。9 月 13 日，海明威在德国的赫墨尔斯又给玛丽写信：“我很爱你，早晚醒来还不太清醒时就想念你了，记起你时，你是那么的可爱……所有要说的就是我爱你。”晚饭后，他继续倾诉衷肠：“这封信就是告知你我是多么的爱你。亲爱的玛丽……请好好地一直爱我吧，照顾好我，就像小朋友照顾好大朋友一样——远在高空，闪亮，美丽。噢，亲爱的，我爱你。”

有人一定很不理解海明威的婚外情。我说我理解。因为：海明威不可能是我们希望的那个样子。契诃夫也不是我们希望的那个样子。卡夫卡也不是我们希望的那个样子。还有司汤达，还有菲茨杰拉德，还有川端康成……甚至，我们自己很多时候都不是我们希望的那个样子。在情爱方面，希望男人或女人如何如何，不亚于纸上谈兵。爱情是一场遭遇战，碰上了就无法回避。最后清理战场时，能拿出来一用的，只能是眼泪，只能是寂寞。

对爱情悲观一点，欢乐可能靠谱一分。

1945 年 3 月 7 日，海明威曾在伦敦停留，见到玛莎，两人开始办理离婚手续；中旬，他与帕特里克和格雷戈里到达古巴，等待玛丽。5 月 2 日，玛丽前往哈瓦那——海明威遇到玛丽的这两年身体很受伤——6 月 20 日，他送她到机场途中发生事故，断了 4 根肋骨，她的脸部擦伤。好事多磨吧。1946 年 3 月 14 日，两人结婚。后来玛丽怀孕，却出现并发症，严重到医生认为没有生还的可能了。关键时刻，海明威显示出了一个男人的勇敢和冷静，他用静脉滴注救了妻子一命。

四

1949 年 11 月 19 日，海明威与玛丽前往欧洲，月末到了巴黎。12 月 24 日，他与朋友参观了法国南部和意大利。意大利之行，海明威认识了美丽的贵族女孩阿德丽安娜·伊凡西奇——《过河入林》中雷娜塔的原型。1950 年 10 月 28 日，阿德丽安娜和母亲远赴瞭望山庄做客——这段经历，引发各种声音，一种就是：海明威与阿德丽安娜发生了精神之恋。

海明威才不管这些议论。

1952 年 5 月 31 日，海明威在瞭望山庄给阿德丽安娜写信——

我实在为你骄傲，记忆里我似乎对你一直是颇为自豪。

只可惜你完稿时（阿德丽安娜为《老人与海》一书设计了封面护封）我不能在你身边庆祝。胜利在手，我们之间的距离却又太过遥远。邮递的速度很快，却远比不上可以将你拥入怀中亲口告诉你，我是多么的为你骄傲，你是那么的了不起。

1954 年 5 月 9 日，海明威在法国尼斯给阿德丽安娜的信中称呼她“最亲爱的”，又说“昨晚我给你写信，但是仅读了一遍就撕碎了”——

女儿，你知道我多么想念你，离开你就像断指一样痛。谢谢你对我这么好，关爱我。

我将一直爱你直到永远……太阳已经升起来了，今天是一个艳阳天。

爱你！！！

海明威离开美丽的女人“就像断指一样痛”一点不假。

很多时候，海明威的肉体和心灵都必须依偎在女人的怀抱，才有安全感。

> “让伤心的事见鬼去，”上校说，闭上眼睛，把头轻轻地枕在雷娜塔的黑毛衣上，这就是他的祖国。你必须有一个他妈的祖国，他想。这就是我的祖国。

雷娜塔的黑色毛衣“就是我的祖国”——《过河入林》中的这一段可谓神来之笔。必须承认，美女为海明威带来了创作的激情和灵感。

现在，回到海上——老人看到一对海豚游到船的旁边——

> 它们嬉戏，打闹，相亲相爱。

五

努力学习爱，正如坎特韦尔上校所言：“如果你不爱别人，你就不会有欢乐。”

那么，你认为海明威会爱吗？这是一个不好回答的问题。如果说他会爱，却离了三次婚；如果说他不会爱，他又结了四次婚。要我说，他会爱，但爱的不彻底。我想，海明威早就意识到了，否则写不出《岛在湾流中》中托马斯的懊悔：

第一次，小说开始不久，托马斯反思自己的生活时想到，“在他心上的，一是画画，二是孩子，还有就是：他当初所爱的第一个女人，他至今还旧情难忘”。

第二次，三个儿子与他共度短暂的一段夏日，夜里睡不着的时候想到的，“我真正心爱的女人只有一个，后来却把她丢了”。

因为一段感情好，才“旧情难忘”；因为珍贵的东西“丢了”，才后悔没有珍惜。

海明威与哈德莉是患难夫妻，却没有白头偕老，令人深思。如果海明威不是因为波琳而抛弃了“所爱的第一个女人”，夫妻俩一直相濡以沫，还会有儿子，有女儿，一家人生活在一起……可是，生活没有如果。所以，海明威功成名就之后抛弃亲人，寂寞难免：重返西班牙只能由朋友陪着；回望意大利的创伤之地也不见儿子的身影；回到瞭望山庄只有渐渐老去的玛丽，猫或狗；没有孙儿与他一起到湾流游泳、在夜晚仰望星空……

一天夜里，坎特韦尔上校送雷娜塔回家，走到她家宫殿的前面，上校有一句内心独白，很有趣——

我曾经在这个地方迷过路，上校想，我这一辈子还从未迷过路。

“这个地方”恐怕就是爱的“宫殿”，海明威不止一次在此“迷过路”。但是，最后他还是觉悟的，或是清醒的——他在描写海豚“相亲相爱”之前，借助老人之口说了一句话：“它们是好样的。”这看似轻描淡写，却是意味深长：在赞赏“相亲相爱”是“好样的”同时，也反思或是批评了薄情寡义。

爱，是一种选择吗？希望是。希望如罗伯特·弗罗斯特[①]《林中的两条路》所表达的——

也许多少年后在某个地方
我将轻声叹息将往事回顾
一片树林里分出两条路——
而我选择了人迹更少的一条
从此决定了我一生的道路

① 罗伯特·弗罗斯特（1874–1963），美国诗人，当过鞋匠、教师和农场主，被誉为“美国文学中的桂冠诗人”；代表诗集有《山间》《波士顿以北》《西去的溪流》《林间空地》等。弗罗斯特出生 25 年之后，海明威出生。

没人去过的地方

一

你说，从老人的内心独白里常能听到另一个人的声音：海明威的声音——

> 它选择的是待在黑暗的深水里，远远地避开一切圈套、罗网和诡计。我选择的是赶到谁也没有到过的地方去找它。到世界上没人去过的地方。

你说，“到世界上没人去过的地方”就是海明威在低语。

老人犯不上多此一说。

那么，海明威为什么要多说这一句呢？

恕我多问。

我总想，这个世界是由问题构成的，问题也构成了诗意。

“到世界上没人去过的地方”——这话很容易被高调地煮成鸡汤。但它绝非沧海桑田对青葱时光的呼唤。海明威借用此句埋下一个伏笔——往后看，你就会愕然醒悟：“没人去过的地方”就是人不该去的地方。

“没人去过的地方”是鱼的、狮子的、鹰的世界——不欢迎钓钩和猎枪。

“到世界上没人去过的地方”——随着叙述的展开，慢慢地变形为另一句潜台词——人，最好不要走得太远。

人，走得太远，就会像老人一样，回头时“眼下已看不见海岸的那一道绿色了”。绿色，生命之色。“看不见”了“那一道绿色”就是看不见了灵魂，看不见了家。

二

1958 年，海明威接受一群少男少女们的采访，有一句话非常棒：“我只到我的生活需要我去的地方去。”显然，“生活需要我去的地方”是最需要选择的，而不是“没人去过的地方”或者“走得越远越好”。

诗人的想象力是丰富的。但是，丰富之中难免浅薄，诸如鼓吹“最远的地方才有风景”。风景无处不在，有时倒真不必舍近求远——身边的老房子、后花园、街边的一棵树、老人傍晚结伴而行的湖边，以及清晨风中飘着的叶子，还有从某处窗口飘然而下的一页日历，都是美的。南京老门东的一个老宅有副对联这样说：闲情何必林泉觅，风雅自由市井吟。

心情，决定了眼睛里是不是显影风景，而价值观则衡量了风景的深度与宽度，至于从“看山是山”到“看山不是山”再到“看山还是山”，便是修行了。

三

到世界上没人去过的地方——但凡误读，便是一个陷阱。

饥饿是良好的磨炼

一

饿的滋味不好受。

即使神一样的希腊军队将领之一、伊塔卡王奥德修斯返乡途中来到费埃克斯人的国土，向其国王讲述自己千难万险的过程中，都忍不住请求主人——

> 还是请让我先用餐。
>
> 无论什么都不及可憎的腹中饥饿更令人难忍……

荷马史诗中的男神和女神都算得上是吃货，且以肉类为主食；凡人中的奥德修斯们也是一样——我就没看见他们吃过青菜。也许，古人们的劳作与战斗过于消耗体力，小葱拌豆腐或是蒜蓉茼蒿尽管绿色却不如大鱼大肉扛饿。

海明威塑造的人物中，有些男女继承了荷马史诗中那些神和人的胃口：饿感十足。试看——

《伊甸园》：戴维和凯瑟琳在早上“又做了一次爱。事后觉得饿得慌，竟以为会活不到吃早饭的时候”。可是，当他们吃上了早餐，且“吃得不错”，可还“老是觉得饿”。于是，“他们饿得想赶紧吃午饭”了。

《岛在湾流中》：托马斯·赫德森觉得肚子饿得厉害，“他想起来了，自从船离开海法以后，他肚子里就老是觉得饿”。

《过河入林》：早上，上校与雷娜塔一起散步。上校问，“你一定饿慌了吧”？她老老实实地说，“非常饿”。当两人坐在餐厅之后，雷娜塔进一步说：“饿极了，我想。”

饿。饿。饿。

于是，吃东西也就成了海明威塑造人物的一件顶重要的事情。尤其在《太阳照常升起》里，一群“迷惘的一代”从法国的巴黎到西班牙的潘普洛纳，一路大吃二喝直达“奔牛节”。他们不吃东西仿佛世界都空虚了似的。当然要吃。当然，当海明威的目光看到了墨西哥湾流的那片海水，笔下的圣地亚哥老人也不能例外——

我一定要记住，天亮后就吃那条金枪鱼。

老人叮嘱自己，而且是不断地，“现在，我该吃小金枪鱼了”。老人的自言自语就像一个贪吃的小孩儿。很难理解。可是，一旦了解了海明威在上个世纪20年代的巴黎生活，虽说不上饥寒交迫，却也是勒紧裤腰带的，就理解了——他又是把自己曾经的生活状态和心理状况移植到了人物身上。正如他所言：“若你打算成为作家，迟早会把所有你经历的人、事、物拿来写。去过的地方、欺骗你的人、气候、跟你上过床的女人、你的成功或者失败，以及你误以为世界为你而造、能如你所愿的那些可笑片段。”海明威对巴黎的卢森堡公园尤其难以忘怀，“因为它叫我不挨饿”。他的回忆录《流动的盛宴》中有一段记述令人忍俊不禁——

在晚饭锅里空荡荡的日子里，我就把当时一岁多的儿子邦比放在婴儿车上，推到公园里。那里经常有一个警察执勤，不过我知道他在四点多钟总要到公园对门一家酒吧间里喝一杯。我就在这个时候带着邦比先生出场——还带着一口袋喂鸽子的玉米。我坐在凳子上，假装是推婴儿车的鸽子爱好者，搜寻鸽子群里眼睛明亮、稍微肥一些的。卢森堡以它漂亮的鸽子而闻名。选好之后，事情就简单了。先用玉米把牺牲品勾引过来，然后捉住它，掐住脖子，飞快地把它塞到邦比先生的毛毯下面。那一个冬天，我们吃鸽子肉吃得都有点儿腻了，但我们确实填饱了肚皮。邦比是个多乖的孩子呀！他表现得规规矩矩，一次也没有干扰我的行动。

二

饿的滋味是最大的滋味。

饿个一顿两顿的问题不大。总是吃了上顿没下顿，就恐怖了。小的时候贪玩，不到饭时肚子就欢叫了，不可能找到吃的东西，只有老实地躺在床上抱着小人书啃，故事是可以当馍馍的。上了中学了，放学晚，饿感偷袭之时就偷偷把书包里的课外书掏出来咀嚼——保尔·柯察金、基督山伯爵、于连、冉阿让——他们也是最有营养的面包。再后来，下顿饭如果远在山西或是湖北，茶几上的报刊广告常常可以对上胃口。但是，美食、酒店之类的必须绕过，只盯住那些不引起胃肠蠕动的，例如房地产、医院、家电、培训；旅游的最佳，前景光明，宁静致远；美容的也不赖，美女暧昧致使一时想入非非——另一种饿呀——活该。

还是海明威，绝对不肯白白挨饿。于是，他将如何对付饿上升到了理念高度，他说：“每逢你不得不减少饮食的时候，你必须好好控制住自己，这样你就不会变得整天地想着肚子饿了。饥饿是良好的磨炼，你能从中学到东西。”海明威绝顶聪明，他把理论与实践结合得也很好，瞧瞧——

在巴黎，你如果吃得不够饱，就会感到饥肠辘辘，因为所有的面包房在橱窗里都摆着那些好的东西，而且人们在外面人行道上的桌边吃喝，因此你既能看到又能闻到食品。

呵呵，闭上眼睛，立刻就见海明威为躲避那些香喷喷的街道而狼狈逃窜的窘样。不过，他也能画饼充饥。这天，他走进卢森堡博物馆时，有了新发现——

如果你腹内空空、饿得发慌，那些名花就都显得更加鲜明，更加清晰也更加美了。我学会更深刻地理解塞尚[①]，真正弄明白他是怎么创作那些风景画的，正是在我饥饿的时候。……他画画的时候也

① 保罗·塞尚（1839–1906），法国画家，被誉为“现代艺术之父”“造型之父”；代表画作有《静物苹果篮子》《穿红背心的男孩》《坐在红扶手椅里的塞尚夫人》等。塞尚出生60年之后，海明威出生。

是挨着饿的吧。

饥饿有利于思考，这倒是真的。我还没听说哪位大神前胸贴后背了，还口若悬河唾沫滔天的。饥饿令人沉默，少动，不会轻举妄动，集中而专注。至于是不是还能握住笔来画画，就不清楚了。海明威站在那里又想了，“塞尚大概是在一种不同的方面感到饥饿吧”，这话，想象的空间就大了。如何理解？饿的时候去看塞尚吧，也许能找到答案。

饿有两面：一面是欲动，一面是寂寞。

三

饿，在巴黎，让海明威刻骨难忘。他不会轻易放弃人生的这种体验——

> 当你25岁的时候，而且生就一副重量级拳击手的身材，少吃一顿饭能使你感到非常饥饿。但是这样也使你所有的感官变得敏锐，我才发现我笔下的那些人物中有很多都具有极强的胃口并且对食物怀着极大的爱好和欲望，并且大多数都期待着能喝上一杯。

正是。

《大双心河》里的尼克与海明威在巴黎时的年龄相仿，他的饿仿佛就是海明威饿的形象附体——

> 现在他饿了。

> 尼克饿了。他觉得自己从来没有这么饿过。他打开一听青豆猪肉和一听意大利实心面，把它们倒进平底炒锅里……他开始生火。

> 他已经饿极了。

尼克做好了食物之后就狼吞虎咽起来，最后“把盘子刮得干干净净”。

没有挨过饿的人不会理解舔盘子的惬意。那不是怕浪费，而是从身体到灵魂的一种满足，情不自禁。

好了，现在回到那片海域吧——这个时候，老人也“拿起半条鱼肉，放在嘴里，慢慢地咀嚼”。味道嘛“倒并不难吃”。所以，老人叮嘱自己——

> 好好儿咀嚼，他想，把汁水都咽下去。如果加上一点儿酸橙或者柠檬或者盐，味道可不会坏。

有意思吧？没有吃的，能吃上嘴的东西胜过山珍海味；一旦吃到嘴了，就容易挑三拣四，想着再有一点儿酸橙、柠檬、盐会更好。

人，没有满足的时候。

从这一点来说，海明威的话是对的：饥饿是良好的磨炼。

四

人类在历史上相当长的时间里忍饥挨饿，饱食者有意无意缺席一两次饭局，往大了说可以唤起对岁月的缅怀，往小了说能够清胃净肠增加食欲，终究不是坏事；而饿的时候如能联想到世界的某个城市或村落尚有饥寒交迫的同类，继而唤起同情并肩负慈善之举，饿就是成全了善事了。

就今天吧，饿一顿，如何？

死

一

老人一心想钓到大鱼，也就给自己找了个强大的对手。他需要不断地给自己打气——

> “鱼啊，”他轻轻地说出声来，“我跟你奉陪到死。”

人很忌讳“死”的字眼儿，尤其在海上。老人是下了狠心要与深潜水下的大鱼死磕。这个阶段，老人有些被动，在“无人去过的地方”，头顶的夜空和水里的大鱼让他感到陌生，孤寂让他第四次想到“但愿那男孩在就好了”，大鱼还在夜里猛地掀起冲突，拖得老人脸朝下，“眼睛下给划了一道口子”，流下了血。

显然，在水下慢慢悠悠的大鱼显示了强悍的一面，一直平淡、平稳的局面因为流血而被打破——

> 依我看，它也要跟我奉陪到死的，老人想，于是他等着天明……它能熬多久，我也能熬多久，他想。

难熬。

很多人就是熬不住了，在黑暗的凄风苦雨中选择了滞留，黎明醒来猛然发现，距离抵达的地方，近在咫尺。

二

老人誓与大鱼死磕，令人想起《印第安营地》中的那个丈夫——面对妻子难产的痛苦和伤痛，没"熬多久"竟自杀了。至今，那刀口还留在很多人的脖子上。人啊，多么脆弱！

> "自杀的男人有很多吗？"
> "不太多，尼克。"
> "死，难吗，爸爸？"
> "不，我想是很容易的吧，尼克。要看情况。"
> 他们在船上坐下了，尼克在船艄，他父亲划桨。

太阳正从山背面升起来……尼克伸手在水里，朝前溜去。清早冷飕飕的，手倒是觉得很温暖。

经历过死，生就变得“很温暖”。

三

海明威塑造的人物很多都在最后死掉了。学习海明威的文学技巧之一，就是学会阅读死亡。《过河入林》中，海明威多次安排坎特维尔上校接近死亡，再借助上校的所思所想阐明自己对死亡的认识。那一天在旅馆，上校与雷娜塔接吻之后，突然想到——

> 死亡只是一堆粪土，他想。炮弹的碎片朝你飞来时，死亡也就紧随其后，而你却几乎看不清它从何而来。有时候，死亡来得极端残忍。它可能来自煮沸的水，来自未拉好的防蚊军靴，来自整天伴随在耳边轰鸣的巨响声……我还知道，它会降临到许多人的睡床上，就像爱情对应的陪衬。我同死神几乎共度了一生。……可是，在这个寒冷有风的早晨，在格里迪旅馆里，我能对这个姑娘说些什么呢？

是啊，当“死亡只是一堆粪土”，我们还能对死亡说些什么呢？

杀死你，是因为我爱你

一

“鱼啊，”他说，“我爱你，非常尊敬你。不过今天得把你杀死。”

老人和大马林鱼苦熬了一夜，发誓“爱你”但还要“把你杀死”。

在此，如果“爱”是敬重，“杀死爱”又算什么？

二

静静地想一想，确有因为爱，而杀死爱的对象的。

极端的情境下，爱选择了毁灭。

三

我们常常想的是因为爱,而让爱之对象快乐和幸福。于是，爱就成了快乐和幸福的同义词。其实，爱是忧伤的教鞭，爱是恨的老师。

且看那些坟墓，不是因死而起，而是为了爱。

对话

一

重复即生活。

但，作家最恐惧的就是重复，且它又是难以甩掉的魔咒。海明威也不例外。苍茫的大海上，老人眯缝着眼睛，看到——

一只小鸟从北方朝小帆船飞来……飞到船艄上，在那儿歇口气。然后它绕着老人的头飞了一圈，落在那根钓索上，在那儿它觉得比较舒服。

"你多大了？"老人问鸟儿，"你这是第一次出门吧？"

"好好儿休息吧，小鸟，"他说，"然后飞到空中去碰碰运气，像什么人或者鸟或者鱼那样。"

听着老人与鸟儿的对话，耳边又响起《大双心河》中尼克的声音——

> “飞吧，蚱蜢。”尼克说，他第一次大声说出话来，“飞到什么地方去吧。”

海明威偏爱地上的动物，像狮子、大象、犀牛、非洲豹，对于鸟儿兴趣不大，在他的第二部非洲之旅《曙光示真》中，他对忽略善于飞行的鸟儿们感到一丝内疚，“应该关注身边的动物”——

> 我认为像我这样的视而不见真是莫大的罪孽……我想要是我们总是视而不见的话，还有什么理由再活在这个世界呢？

而热拉尔·马瑟说：“有时，看到动物们在我们面前扭过头去的眼神，我感到无地自容。”

二

多么好——当“小鸟”“蚱蜢”成了人物，也即我们向现实和自然对话的对象。

于是，空地听懂了孤独，枯树听懂了悲伤，黑暗听懂了疼痛。

于是，呐喊交给了河流，沉默交给了石头，仰望交给了星空。

男孩为何不在这里

一

老人第五次念叨那个男孩是在小鸟飞走之后——

“但愿男孩在这儿，我手边有点盐，”他说出声来。

老人的寂寞就是海明威的寂寞。

在那片浩瀚的孤独的海上，海明威再也无法隐藏内心的孤寂。他必须表达出来——那个男孩是一个“出口”，也是一个寄托。

1943 年 10 月 30 日，在瞭望山庄，海明威给二儿子帕特里克——“亲爱的老鼠”——写信：“老鼠，我的老朋友，我真的很想念你。这里比监狱还要寂寞。……感谢你经常认真地给我写信。送上爸爸对你的问候。”可以想象那夜晚的空寂如冰冷的水浸泡住了这个男人——这个硬汉，不远的昨天还在非洲打猎、还到西班牙看斗牛、还在意大利与美女调情言欢，转眼间便落入寂寥，个中滋味谁解？

这一年的11月25日，海明威又给哈德莉写信，“我一个人时就像被抛弃了一样孤单”，只好训练宠物打发寂寞。看来，多一个前妻也不是没有好处，至少可以多一个解闷的。

二

如果想解开“老人为什么总是念叨那个小男孩”之谜，必须了解海明威与小儿子格雷戈里之间到底发生过什么。而这，有一本书是不能错过的——《与公牛一起奔跑：我生命中的海明威》，作者叫瓦莱丽·海明威。

当然，瓦莱丽·海明威原先不叫这个名字。她生于爱尔兰，是个热爱文学的姑娘，有幸为《爱尔兰时报》撰写文章。1959年复活节，她在西班牙观看了“平生第一场斗牛比赛，……我决定，无论如何，斗牛都将成为我的一种业余爱好”。5月的一天，报社派她去采访海明威——他已经阔别西班牙多年了，此行受到众多的追捧。想不到，她与海明威约定的半个小时采访，变成她加入了海明威一行，跟着看了好多场斗牛，也“观察到了我们的作家心里阴暗、不友善的一面”，还参加了海明威60岁生日庆祝，那是1959年7月21日。一张照片留下了时间：一条长椅上，满头灰白头发的海明威和一头短而弯曲的黑发的她，肩膀倚在一起，谈笑甚欢。照片之外，她非常冷静，多日的旁观，“开始知道为什么欧内斯特总是尽可能越晚睡觉越感觉良好，因为一种令他恐惧的失眠正折磨着他。唯一躲开恶魔的方法就是避开黑暗和孤独。然而一旦他喝了酒，就会变得愈加忧郁，主动召唤着魔鬼上来嘲弄自己”。又有一次，海明威为她看了手相，却说不能告诉她所看到的一切，但她“看到了他眼里的泪痕”，而且“他显得疏离、冷漠，被哀伤所击垮”。

1959年9月，瓦莱丽跟随海明威去了普罗旺斯，之后又到巴黎，海明威向她讲述了早年谋生于此的清贫日子。再后来的一天夜里，她听到有人敲门——

> 他进来后就在靠窗的沙发椅子上坐了下来，我注意到在夜色的衬托下这个双眼微闭的老人显得对世界特别的厌倦。他抬头看着我说希望我明年一月能去古巴为他工作，我可以住在他的庄园里。他说

只有我在他身边的时候他才能安心工作，他需要我，并希望我能去。

瓦莱丽没有马上答复。她不可能不犹豫。最后，一个善解人意的爱尔兰朋友帮她下了决心。这位朋友说："你还年轻，这样做你又会失去什么呢？你正享受着眼前的生活，而且还有一个绝好的机会摆在你的面前，也许未来的某一天你回头想想这段经历会充满了感激和愉快。当然，男人到了一定的年纪时会迷恋上身边的年轻女孩子，这或许是真的。即使这只是海明威的一时之兴，就是说即便哪一天他对你的迷恋慢慢减退了，那你同样还是可以回到自己的生活中，什么都没有失去，却还得到了很多。上帝会帮助你的，孩子。"

于是，这个"孩子"在 1960 年 1 月 27 日来到了哈瓦那。她与海明威之间还发生了哪些故事，不再赘言，现在，回到她为什么会叫瓦莱丽·海明威——海明威逝世后的第五年，她嫁给了海明威的小儿子格雷戈里，幸福地过了一些年之后，便是噩梦。因为格雷戈里的"变态心理"。

有一次，格雷戈里向妻子坦白了内心世界，瓦莱丽这样回忆道——

他继续说下去。其实这一切从他出生之日起就开始了，他的父亲，因为已经有了两个儿子，所以很想要一个女儿；而他的母亲由于已经有过两次剖腹产的经历，医生告诫她不能再生孩子了，她怕自己生的这第二个男孩会破坏他们的婚姻。在他成长的过程中，格雷戈里始终能感觉到在他父母之间的这种紧张情绪，他的母亲责怪他为他们的婚姻带来了裂痕，并且使他们变得越来越疏远。因此在他两岁生日后不久，欧内斯特和波琳便动身去了非洲，这是一次他们期待已久的游猎，部分费用是波琳那富有的叔叔提供的。波琳希望借此行拉近他们夫妻之间的情感距离。这次的旅行给欧内斯特创作《非洲的青山》带来了灵感。他们去了有七个月之余。

1931 年 11 月 1 日，海明威在给一位朋友的信中说，“……我特别愿意有个女孩，可无论是合法的还是私生的都没有这样的机会，所以我也束手无策……”。格雷戈里出生后，麦克斯发了一条极短的电报祝贺：“嫉妒你！”海明威则开着玩笑：老兄能透露如何生女儿的诀窍，我就拿养儿子的秘密来交换。由此可见，格雷戈里说他父亲喜欢女孩绝对是事实。

瓦莱丽继续回忆——

当他的父母在灌木丛里闲逛时，可怜的吉吉（格雷戈里）正身处于保姆艾达的暴力统治下。当他调皮的时候，艾达就恐吓他，说要把他一个人丢在那里，就像他的父母亲曾经做过的那样。这使他感到十分恐惧。她会戴上帽子，穿上大衣作势要走，并且狠狠地摔上门，直到他尖叫着、哭喊着一直到声嘶力竭为止。她警告他，不乖乖听话，那么她也会离开他。

格雷戈里告诉妻子——

就在那段时间里，他第一次跑到母亲的梳妆台前，拿起她的丝袜在自己的脸颊边轻轻磨蹭。在佛罗里达炎热的天气里，艾达从来不穿真丝制品，他只有从母亲的丝袜中才能找到一丝安慰。他记得以前爬上母亲的腿，他喜欢母亲身上那种真丝衣料的触感，这让他感觉到自己和她很亲近……现在，她远在他方，他只好依靠丝袜来使他获得安全感和一种无名的快感。这就是为什么他会养成现在的这个习惯。

格雷戈里显得很可怜：“我不是一个异装癖者。我不想穿成女人那样，我只是偏爱丝袜，只是丝袜而已。

它们是我安全感的来源，我离不开它们。你仍然会爱我吗？”

格雷戈里又说：“他的父母总是无视他的问题，假装那些问题根本不存在或是已经解决，他从未得到任何急需的帮助，他因此而怨恨他的父母；如果他们对他足够关心，他们很可能找到改掉他怪癖的方法；他还认为比起治愈他而言，他的父亲、母亲和玛丽更关心由此造成的难堪。”

瓦莱丽知道，自己的丈夫在小的时候喜爱并崇拜父亲，进入少年时代才与父亲的关系变得很不稳定，到了他19岁那年，父子关系最终破裂了。

回忆是需要勇气的。瓦莱丽敢于转身——

> 2001年10月1日，我的儿子爱德华从纽约打来电话。他告诉我，那天早上他的父亲死在了一所女子监狱里。

原来，格雷戈里是在一天清晨从一个聚会回家的路上被捕的，当时他正处于迷茫状态。他因“有伤风化的露体”而受到指控，当时他赤身裸体手中提着一条裙子和一双高跟鞋。他们把他关进了女子监狱，尽管他很明显有精神问题而且不会对任何人造成威胁……五天后，一名警察去带他出庭时，发现他已因心脏病死在了牢房里。

……这一切，海明威都不可能知道了。但是我想，在他有生之年，一定是知道自己的冷漠给儿子的心灵造成了巨大的伤害的。

但愿男孩在这儿……

三

瓦莱丽认为，海明威比任何人都了解自己的小儿子——曾经一度是他最喜欢的儿子。

《岛在湾流中》，海明威借助画家托马斯的眼睛对小儿子有过一次认真的审视——

> 他是一个坏小子，别人都知道这一点。他自己也很清楚。他表现很好，同时内心的邪恶也在增长。

在瓦莱丽看来，格雷戈里对这段文字深感自豪，甚至把它作为自己传记的卷首语；受其强迫症的驱使，他喜欢一遍又一遍地读着。他的父亲以某种方式真正了解并喜爱着他，这总是令他十分惊奇。可是，父子之间却没有面对面地向对方敞开心扉。

1941 年 6 月 9 日，在瞭望山庄，海明威给波琳写信，谈到小儿子时不无担心——

> 除了你和我之外，他是家里最悲观的人，而现在我已经不属于这个家了。他将自己悲观的一面隐藏得很深，你永远也不会发现，也许这样他就可以随时重蹈覆辙。但是，也有可能他的悲观情绪会随着青春期的结束而慢慢消失，就像几乎所有其他才俊所经历的一样，抑或这种情绪会像一切影响我们人生的其他东西一样，总有一天会消失。

遗憾的是，海明威未能深入地去做更多的事情，父子之间的裂痕越来越大。他与波琳离婚后，先后又有两个女人成为他的妻子，儿子只能到家里短住，却不能长栖，心里始终存在着漂泊感。海明威宽厚坚实的胸膛没有成为儿子的精神牧场。可以说，格雷戈里之死，海明威有着无可推卸的责任。

四

《海明威书信集》收录了一些他给二儿子帕特里克

的信，称呼其“老鼠”等外号，却很少见有写给格雷戈里的文字。1933 年 12 月 2 日，在红海北端的海边，海明威写给帕特里克的信有趣、温柔、幽默，在称呼“敬爱的墨西哥老朋友”之后，他写道——

昨天我们看到了一个大海豚的海豚族和许多小海豚的海豚族。

我很想念你，墨西哥老朋友，将再次见到你我很高兴。我们回来时有很多的故事要讲给你听。

少喝啤酒，并且把烈性酒放起来等到我回来。

不要忘了擦鼻涕，在你睡觉前翻三次身。

1936 年 8 月 16 日，在怀俄明州的诺德奎斯特牧场，海明威给《在南部月下》和《金苹果》的作者玛·金·罗琳斯的信中，抒发了自己喜欢儿子的心情，“与这些孩子在一起我有很多乐子，但是与其他人在一起就没这么好玩了”。可是，他只是在寂寞的时候才想到儿子们，希望他们来陪他；而在他去非洲、去西班牙、去意大利的行程中，却不见儿子们的身影——他们不是在学校、在部队，就是在母亲身边。

1939 年 8 月 23 日，在基韦斯特，海明威给帕特里克和格雷戈里写信，他实话实说——

我们已顺利回到基韦斯特，但是没有家人，当然深感寂寞。

爸爸非常爱你们，希望尽早见到你们。

海明威忘了，儿子手里没有零花钱的时候、遇到困惑的时候、痛苦的时候、做噩梦的时候、失恋的时候、寂寞的时候、孤独的时候，他又在哪里？

海明威是一个善于学习的男人，可悲的是，他没有学会做父亲。

成功的海明威的一边，站着失败的海明威。

五

"但愿男孩在这儿，我手边有点儿盐，"他说出声来。

老人渴望男孩在身边，更希望"手边有点儿盐"——盐能做什么？盐可以改善食物的口味，更重要的，盐可以治疗伤口。

老人受伤了。

海明威伤势更重。

情愿做一条深水里的鱼

一

老人经过了几个回合的试探、智斗，对水下一直沉默的对手充满了敬意。他吃了条小鱼，“巴望着也能喂那条大鱼。它是我的兄弟”，同时又怜惜“比这小帆船还长两英尺”的家伙们，“没有我们这些要杀害它们的人聪明；尽管它们比我们高尚，更有能耐”。人类之“聪明”对比大鱼之“高尚”，显然格调不高，老人不无嘲讽地念叨——

> “人跟伟大的鸟兽相比真算不了什么。我还是情愿做那只待在黑暗的深水里的动物。”

做一条鱼——老人希望角色的转换，怕不是一时的想法。那么这一想法形成的原因是不是值得探究呢？如果是，那就留着这个问题——问题比答案更有启示。

可是，忍不住再问：老人真的做了黑暗中深水里的鱼，是不是又想着做回人呢？显然，“忍不住”就有点蠢了：有谁看见那“树上的男爵”柯希莫离开地面之后又回到地面上了呢？

二

天黑了，星星出来了。

老人一边想象大鱼的“举止风度和它的高度尊严”，一边认为“它是一条那样沉着、健壮的鱼，似乎是毫无畏惧而信心十足的”。于是，老人便从这个朋友身上获取了力量，“你最好自己也是毫无畏惧而信心十足，老家伙”。

其实，海明威也从朋友那里获得过信心、支持和赞美，只是他们中的一些人最后离开了他。对此，海明威难辞其咎。

海明威自私，为了自己往上爬可以背叛朋友，甚至是老师；他好斗，看到朋友比他强，就恶语中伤，最臭名昭著的就是“尺寸问题”——那篇回忆在巴黎与菲茨杰拉德之间的交往，告诫朋友他的那话“尺寸”没有问题，是他的妻子泽尔达故意贬斥他——这段文字被很多人认为是无中生有的虚构，即使是事实，也不该如此暴露。一个传记作家直言不讳：“有时候，海明威会无缘无故地用言语去中伤他人。而且，他不时地甚至会屈服于更加丑恶的情感，对别人的身体直接攻击。……无论在大庭广众还是私下里，每当他感到某些人物在某种程度上对他是一种威胁时，严阵以待的海明威最常用的武器还会指责对方断子绝孙、性无能和同性恋。”为什么会如此？“如果说海明威常常无缘无由地表现得非常卑劣和邪恶，那正是因为他自己也是一个痛苦的年轻人。”

其实，海明威以回忆录的形式讨论友人的“尺寸问题”时，已经快60岁了。他真是下得了手！菲茨杰拉德是有恩于他的，正是这位兄长向他推荐了麦克斯·珀金斯，这位慧眼识珠的天才编辑向海明威预付了1500美元，先后出版了《春潮》《太阳照常升起》，使他这个巴黎文化侨民的生活和声誉发生了天翻地覆的变化。

飞来的小鸟是老人的朋友，夜晚闪亮的星星是老人的朋友，深水里游着的大鱼是老人的朋友——从老人的朋友中，海明威是否看到了恩师舍伍德·安德森沉痛的背影，评价他是“迷惘的一代”的格特鲁德·斯泰因[①]愤怒的脸孔，莎士比亚书店老板西尔维娅·比奇[②]惋惜无奈的摇头……

三

大鱼在深水里游。

大鱼的每一个动作和动静，都牵动着水上的一个人。他看它，从青年看到中年，就像看自己，在黑暗中，嘴里咬着锋利的钩，已经不疼了，奋力地游着。目的地，是死亡，于是，使出全身的力气，高高跃升，感受到了太阳的晕眩，再落下，砸开一座深蓝的坟——他就是这样：情愿做一条深水里的鱼。

---

① 格特鲁德·斯泰因（1874–1946），旅居法国的美国女作家、艺术品收藏家；她对海明威早年的文学创作给予了很多指导，两人后来成为宿敌；代表作品有《三种生活》《地理与戏剧》《美国人的本质》等。斯泰因出生25年之后，海明威出生。

② 西尔维娅·比奇（1887–1962），美国人；1919年在巴黎左岸开设“莎士比亚书店”，1922年以书店之名出版了《尤利西斯》，1956年出版了传记《莎士比亚书店》。西尔维娅·比奇出生12年之后，海明威出生。

一个人在海上永远是不会孤单的

一

他眺望着海面，发觉他此刻是多么孤单。

海天一色，苍茫万顷，令人渺小，失去位置感。

但是他可以看见深色的海水深处的七色彩虹，面前伸展着的钓索和那平静的海面上奇妙的波动。由于信风的吹刮，这时云块正在积聚起来，他朝前望去，见到一群野鸭在水面上飞，在天空的衬托下，身影刻画得很清楚，然后模糊起来，然后又清楚地刻画出来，于是他明白，一个人在海上永远是不会孤单的。

有的人离开群体就感到落寞，有的人身处热闹之地反而倍感冷清，这都是孤单。相对于独自一人的落寞，身陷群体之中的冷清，寒意更甚。清秋时节，一个人走在乡路，常常能听到几声凄厉的叫声，不必抬头也知那是一只孤雁——它掉队了。雁阵即是人的队形，此刻，谁在后面流泪？

一个“但是”，老人扭转了心境——从彩虹、信风、飞过水面的野鸭，感触到其他生命的跃动，如此，“一个人在海上永远是不会孤单的”。老人找到了可以置换孤单的替代品。

老人是幸运的。

二

孤单到了极点，就是寂寞。

寂寞之后呢？

“你觉得怎么样？”尼克问妹妹。

“有劲极了。尼克，你每次离家出走，都这么带劲吗？”

“哪儿呀。总觉得很寂寞。”

“寂寞到什么程度呀？”

“只觉得苦恼，憋闷。真不是滋味。”

“不是滋味”才是滋味。

所有的滋味都是给养。

三

老人说，一个人在海上永远是不会孤单的。

其实，孤单是会永远的：在废墟的冷风边，在神殿的阴影下，在庭院晾晒的白色衬衣旁，在午后的无名花香里，在似水的月光下，在激情迸发之后，在醒来听到路边的马车跑过，或是小贩的叫卖声中……

四

一个夏日的夜里，在宿迁项王故里的一家宾馆，我莫名地醒来，看着床、茶几、衣架上的几件T恤、敞开的旅行箱。过了一会儿，我下了床，把窗帘拉开一些，看着窗外一幢幢黑漆漆的楚国风格的建筑。

月亮不亮。

路灯亮着。

我想到白天看到的古黄河，死一般凝静，水面上漂浮着水草，偶尔会冒出一连串的水泡，是鱼在呼吸吗？没有鱼。没有船。

我想到午后用芦苇叶编的那条小船，此刻漂到了骆马湖的什么地方，它能听见大运河的喘息吗？

我想到夜幕下项羽孤零零地骑在乌骓马上，虞姬的歌舞不在身边，他如何面对当下的喧嚣？

我又想到隔壁房间住着的一位美丽的女孩，此刻，她是在看书、在睡梦中，还是像我一样地醒来，想着一些不着边际的事情。

我回到床上，看到枕边的书是扣着的，便把它合上，放在床头柜，这是聂鲁达的回忆录《我坦然：我曾历经沧桑》……

五

于是，你孤单着，也就拥有。

于是，你沉默着，却已表达。

于是，你什么也没看见，但又什么都看见了。

狮子

一

一直在想一个问题：出海打鱼的是个年轻人，又会发生怎样的故事？

下面的问题也就是：海明威为什么要塑造一个老人？

试作思考：海明威选择一个老人独自出海，闯入从未有人到过的海域，可以将人的经验、智慧、教训、苦难、孤独、尊严、记忆、绝望、信心等牵引出来，面对未知的世界，进行关照、审视、挑战、反省——这样反映出来的“动机”更真实，更本质。

老人真实——他又困了，于是希望那条大鱼也“睡去”，他就可以放心地“梦见狮子”。可是，老人突然形而上了，问了自己一个问题：为什么如今梦中主要是剩下狮子？

村子远去了。

床远去了。

妇女远去了。

风暴也远去了。

……老人只能梦见狮子。

为什么是狮子？

二

海明威喜欢狮子，尊重狮子，敬畏狮子，崇拜狮子。

狮子是王。

狮子是力量。

那头狮子足印巨大，左后脚掌上有疤痕，我们对它已多次追踪，但最终只能眼睁睁地看着它钻进一片草丛逃走……它的狮鬣漆黑浓密，使它看上去几乎周身呈黑色，它头部巨大……它可决不是一头轻易供人照相的狮子。

出现在《曙光示真》中的狮子不同寻常，它被打死的当夜，海明威“努力想要睡着，但又开始想那头狮子，琢磨着假如让它跑到了那丛密林接下来我们会如何行动”。此前，海明威就研究过那头狮子被击中后的情形：狮子决定逃进那片浓密的树林是因为在那个隐秘处它可以伤人的机会是很大的，它做出了正确的选择，而且几乎成功了。它不是一头愚蠢的狮子，也并不胆怯，它想要逃到对自己有利的地方去……

半夜里，海明威醒了过来，便再也睡不着了，因为那头狮子——

> 我脑海里又浮现出狮子对着我看时的神色……我躺在床上，心中纳闷一头狮子怎么可以在仅仅三秒多一点的时间里就从一个位置跑出一百码之远。它跑动时紧挨着地面，比猎犬的速度更快，到了猎物跟前才纵身跃起。这头狮子的体重远远超过了四百磅，体格强壮，叼着一头奶牛越过一排带刺的防兽围栏是没有问题的……

无疑，海明威将那头狮子托梦给了老人。

三

常想：心里装得下一只野兽，才能放得下一朵玫瑰吧。

坎特维尔上校定义的硬汉

一

老人越来越“感到非常疲乏”了，当又一个“夜色就要降临”。这个时候，老人便想到“棒球的两大联赛”。先前，老人仰仗狮子鼓动自己，此刻又寄望从偶像的身上获取力量。他脑海中闪现出了棒球明星迪马吉奥——“……我一定要有信心，一定要对得起那个了不起的迪马吉奥，他即使脚后跟长了骨刺，感到疼痛，也能把一切做得十全十美”——

> 你以为那了不起的迪马吉奥能守着一条鱼，像我守着这一条一样长久吗？他想。我相信他能，而且更长久。

迪马吉奥代表扬基队——扬基队意味着不可战胜。

二

老人梦见狮子、想到迪马吉奥——还不能给他提振，便又回忆起了早年跟那个码头上力气最大的人——大个子黑人比手劲的光景。

那一次，在卡萨布兰卡的一家酒店，他和对手的手紧握着，都竭力将对方的手朝下压到桌面上。很多人下了赌注。较量很残酷。“最初的八小时过后，他们每四小时换一名裁判，好让裁判轮流睡觉。他和黑人手上的指甲缝里都渗出血来，他们俩紧盯着彼此的眼睛，望着对方的手和胳膊”。人们走来走去。“有一回他的手被扳下去将近三英寸。然后老人把手扳回来，又成为平手了”。最后，他使出浑身的力气，在天亮的时候，硬是把黑人的手扳倒，“直到搁在桌面上”，比赛“是从一个星期天的早上开始的，直到星期一早上才结束”。这之后的好一阵子，人人都管老人叫“冠军”，第二年春天又进行了一次比赛，“他很容易就赢了”，因为他打垮了那个黑人的自信心。也就是从那时开始，“他认为如果一心想要做到的话，他能够打败任何人”。

他认为如果一心想要做到的话，他能够打败任何人——这话，发自海明威的心声。他就总想打败身边的人。他与哈德莉初到巴黎时并不十分宽裕，他们俩准备请一个新结识的美国朋友吃饭，没想到对方说他愿意请，这让夫妻俩舒了一口气，因为那家饭店的菜实在是价格不菲。26 岁的刘易斯慷慨好客，让海明威夫妇这顿饭吃得格外舒服。酒足饭饱，海明威竟然把话题转向了拳击，并邀请刘易斯到他们住的宾馆较量几个回合。刘易斯耐不住海明威的热情，跟着他们回到宾馆起居室。两个男人一开始还比较礼让，谁都没有出拳，刘易斯笑着说“已经受够了”，意思是到此为止。他退下一只手套，戴好眼镜，开始解另一只手套。这个时候，海明威竟然过来出拳击中了他的脸，打碎了他的眼镜。上帝保佑，玻璃碎片没有扎进他的眼睛。这情景让哈德莉惊恐万状，尤其看到自己的丈夫“对此显然感到很宽慰，毫无悔恨之意”。

还有一次，海明威在事先没有警告的情况下，突然加重了拳击的力度，冷酷无情地痛打了一个朋友。他这样做，无非朋友是一个建筑师，家境富裕。他妒忌。更有一次，他竟将一个体质文弱的朋友打得不省人事，之后又泪流满面地请求朋友原谅。不难看出，“海明威生性偏执、多疑，特别警觉别人对自己的任何挑衅”。

海明威的好斗逞强以身体做基础，他有块儿。上个世纪 30 年代，《尤利西斯》的作者乔伊斯[①]曾对一位记者评述海明威，说他是“一个身材魁梧、浑身有劲的农民，如水牛一般健壮，是一个地道的运动员。他随时都可以过他笔下所描述的那种生活。”很显然，海明威是看过这段评价的，估计他当时肯定不无得意地一笑。时间过去了二十多年，他对《时代》周刊一名记者爆料，“每当我们外出喝酒时，乔伊斯要是陷入了一场争斗，他都不敢正眼瞧对方”，就赶紧搬救兵，“把他收拾了，海明威！给这个家伙一点颜色看”。

不过，海明威并不是常胜将军。有一次，他故意挑衅，被一个叫乔治·布朗的老朋友——一家纽约体育馆多年的业主以重拳回敬，“头重重地撞在地板的瓷砖上”。老朋友对海明威了如指掌：他就是想赢，从来不择手段。

海明威的这些行为被苏联的一位评论家伊万·卡什金“诊断”为：健全的身体，病态的心灵。

海明威不是没有意识到自己的病态。《过河入林》中，他借助坎特维尔上校的声音也多少是在剖析自己

---

① 詹姆斯·乔伊斯（1882–1941），爱尔兰作家、诗人，其作品及“意识流”思想对世界文坛影响巨大；代表作品有《都柏林人》《青年艺术家的自画像》《尤利西斯》《芬尼根的守灵夜》等。乔伊斯出生 17 年之后，海明威出生。

的吧——

> 为什么我总是一个杂种，为什么我不能像自己历来所希望的那样放弃这种舞刀弄枪的生活去做一个善良和正直的人。我一直努力变得公正，但却总是那么粗暴和野蛮，可这又并不是说我就已经树立了屏障，绝不再去拍权威和世人的马屁。我必须在所剩无几的有生之年做一个少一些野性多一些善心的好人。……他想着。可上帝将帮助我在哪儿、将让我和谁一起来改过自新呢？

三

尽管海明威有着这样那样的卑劣，仍然称得上是个硬汉。坎特维尔上校这样定义硬汉——

> 我想，这种人敢于在命运的舞台上赌一把，而且全力以赴，还能该罢手时就罢手。

此刻，你的天空与老人的天空一样地黑了，老人的话再次响起："如果一心想要做到的话，我能够打败任何人。"之后，老人又自言自语起来——

我不能让自己垮下来，就这样死在一条鱼的手里。……它再多兜几圈，我就不行了。不，你是行的，他对自己说。你永远行的。

熬下去

一

“那鱼还是老样子，一点儿也没变，”老人观察水面，注视着海水拍打手上的感觉，发现船走得“慢些了”，说明鱼累了。老人还是不能放松警惕——

> 它能熬夜，我也能。

海明威与他的很多人物都是“熬出来的”——与贫困熬，与险境熬，与疾病熬，与苦楚熬，与命运熬，与死亡熬。

斗牛士中的剑杀手抱有的希望就是：他的公牛，等待的十全十美的公牛，会跑出牛栏——这是一段苦熬的时间。栏杆放下，公牛跑出来，生与死就摊牌了，看谁先倒下。海明威在《死在午后》中讲了一个剑杀手的故事——马艾拉“受过两次重伤，但他一点儿不当回事”，有一次，海明威看到他“两天前被破裂的牛角捅的伤口那么疼痛，可他在场上的样子好像根本就没那一回事。他也不捂着伤口，也没有把胳膊夹着抬不起来；他根本不把伤痛放在心上。他早就把伤痛远远地丢在了脑后了”。

年轻的剑杀手在手腕不听使唤的情势下，连续五次都没成功，刺第六次时才把剑“刺入了”。“这场遭遇结束了，他从公牛身边闪过，然后站定，露出蔑视的目光，此时牛角正好未碰着他的肚皮。他高高的个子，凹陷的双眼，汗水流了一脸，头发披到了额角。他注视着公牛，只见它转过身来，跌倒在地，不动弹了”。

这个时候，他的右手腕肿得比原先粗了一倍。他说：“那是一头水泥浇筑的牛。”

海明威说：“他知道自己得了肺结核，并且对自己一点也不爱护，因为他不怕死，所以宁愿死在场内，这一举动不是虚张的勇气，这是心愿。”

那年冬天，斗牛士马艾拉死于塞维利亚，两个肺部都染上了病。

这样的一种熬，是把心血缠成一股灯捻，燃着。

我们应该庆幸：身边总有这样的灯捻，带来光。

二

“已经熬过了半个白天和一夜，现在又是一个白天，可你一直没睡觉。……可别忘了睡觉”，而那条大鱼也“越来越累了”，老人决定把“鲯鳅全吃了，休息一下，睡一会儿”。

能熬的人也都是会休息的人，忙里偷闲打个盹，喧嚣之中闭目养神。熬，需要养精蓄锐，否则，就熬成浆糊了。

老人小睡之前，尼克在《大双心河》中卸下背包，躺倒树荫下——

> 他仰面躺着，看着上方的松树。他伸展身体，脖子、后背和腰都得到了休息。背部贴在地上感觉很舒服。他透过树枝看着天空，接着闭上了眼睛。然后他又睁开眼睛朝上看了看。风刮过高处的树枝。他再次闭上眼睛，睡着了。

现在，月亮爬上来了，老人算是歇了一会儿，不过，“他肩上依旧承受着鱼的拉力，而他也格外地清醒，“跟星星一样清醒”。

暂时，老人熬了过来。自从与大马林鱼交上手他就铁下心：“它能熬多久，我也能熬多久。”

与对手熬，是条出路。

三

最后的较量开始了——大马林鱼用长嘴撞击着铁丝导线，又慢慢地打起转来。老人紧张地应对，又一次感到头晕，并用左手舀了些海水洒在脑袋上，又洒了点在脖颈上揉擦着——

> “我没抽筋……它马上就会冒出水来，我熬得住。你非熬下去不可，连提也别再提了吧”。老人就“这样下了决心”。

有些时候，没有更好的办法了，熬下去就是最好的办法。

快熬出头了——这是一句俗语，话糙理不糙。

熬得住，青山依旧在；熬不住，只是夕阳红。

高尔基[①]有言“我的哲学是从肉皮里熬出来的”，可尝试。

---

① 高尔基（1868–1936），前苏联作家，代表作品有《童年》《在人间》《我的大学》《母亲》等。高尔基出生31年之后，海明威出生。

梦见海豚

一

老人可以梦见狮子，如果不再梦见风暴。可是，他为什么会梦见海豚呢？

这一次，海明威还是描述，不做阐释，赋予文字巨大的想象空间。

老人梦里出现的是“一大群海豚，伸展 8 到 10 英里长”。

澎湃。

骚动。

作用力。

“这时正是它们交配的季节，它们会高高地跳到半空中”。惊艳的一跳，挑逗了老人春梦渐远的眼神，但他还是抓住了那高潮的纵跃。之后，老人便“梦见在村子里躺在自己的床上”，而且“正在刮西北风，他感到很冷”。冷是激情的渐缓与舒展——老人梦见了海豚，更是梦见了爱情——我不能不愿意这样来想。

二

海明威从来不缺爱情。他先后娶了四个妻子招摇着爱欲之火熊熊，也很容易就把旁边的哪位女人也点燃了——阿德丽安娜·伊凡西奇，就是。

1954 年 1 月 23 日。非洲。海明威与妻子玛丽乘飞机准备飞到刚果，在去默契森瀑布的途中，飞机撞上电线坠毁。一时间，海明威的名字上了世界很多报纸的头条，还有讣告。“噩耗”传至意大利，阿德丽安娜央求家人带她去古巴。这样，她就能把他的瞭望山庄毁灭。“谁也不准睡在你的床上，坐在你的椅子上，或者走上白色塔楼去”。她还打算毁掉那个游泳池。

阿德丽安娜是一个意大利美女，身材修长，乌发披肩，有一个形状精巧但不迷人的鼻子。海明威说她的鼻子是真正拜占庭式的。1949 年，海明威认识她的时候 19 岁。她出生于威尼斯的一个名门望族，写诗很精美，还能作画，滑雪熟练。海明威的《过河入林》付印前，她的哥哥特地赶到海明威家里，坐在打字机旁连续工作几个小时，帮助作家改正书稿中一些错误的意大利地名，而她则为《过河入林》设计了封面护封。1950 年，她和母亲到瞭望山庄作客。海明威在众人面前把这位姑娘称为“女儿”，像坎特韦尔上校称呼雷娜塔一样，但在心里却热烈地爱着她。评论家认为这是一场柏拉图式之爱。

恋爱的男人很少不是糊涂虫的。海明威对阿德丽安娜的绘画天赋赞不绝口，于是，她也就把为《过河入林》《老人与海》所设计的封面护封交给自《太阳照常升起》以后一直与海明威合作的斯克里伯纳公司，而海明威“这位愚蠢而多情的作者竟然强迫出版商接受了它们”。那么，她的设计到底如何？抄录斯克里伯纳公司当年广告宣传部主任的话说，就是：“阿德丽安娜为这两本书设计的封面护封画得如此糟糕，我们不得不很巧妙地把它们重画一遍。”

老男人与少女相识的版本很多。

这是很多人都知道的：有一次海明威与朋友在意大利打猎，结束时，阿德丽安娜的头发被雨水打乱，海明威很温和地安慰她，并把自己的梳子一折二，送给她用。这位男人极富创意的动作震撼了姑娘。

这是海明威的侄女希拉里·海明威的讲述：1949 年，海明威重访意大利。有一天，气候寒冷，阴雨绵绵。海明威跟意大利伯爵卡路·凯希勒和他的朋友们一起去打猎，这群人中还有一个年轻的意大利贵族小姐——她是唯一的女性，此前从未开过枪。她不仅没有打中任何猎物，她的脸还被自己的枪膛里退出的子弹壳弄了一块瘀伤。那天下午在凯希勒的庄园里，她坐在大火炉旁烘干衣服。海明威走近她——

“你好吗，闺女？”他用意大利语问候。

“还好，要是我有一把梳子那就好了。”她回答。

他放下手上的白兰地酒杯，从口袋里拿出自己的梳子，递给她，说：“闺女，用我的。”

她发自真诚地喜悦，脸上露出笑容。

说来也奇怪，像梳子这样简单的物件，竟能把两个如此不凡的人梳理在一起。

曾在一本书中看到一幅照片，海明威坐在阿德丽安娜的旁边，眼睛偷偷地瞄着她。他的旁边，有他的妻子玛丽，阿德丽安娜的母亲、哥哥和一位朋友。

阿德丽安娜转身成为雷娜塔，在《过河入林》中出现了——

她走进房间。她是一位身材高挑的美人，步子较大，焕发出青春的光彩。她漫不经心，让风吹乱了头发。她肤色近乎橄榄色。她的风姿足以打动人和任何人的心。她乌黑的头发充满光泽，飘落在双肩上。

阿德丽安娜坦言，“两人的恋情从未达到顶峰”。不过，海明威自杀后，玛丽和助手在整理瞭望山庄的地下室时，发现了阿德丽安娜写给海明威的情书，“至少有 28 封之多”。当玛丽拿到这些烫手的情书时，一定想到了这个女孩来访山庄——希拉里·海明威描写海明威喜欢与女孩在一起时用了“厮守”一词，以及海明威警告过她的话，“他的心是机会的靶子，是无拘无束的”。非常明确，海明威不想把情火在阿德丽安娜面前浇上湾流中的冷水，一瓢也不想，而是让交配中的海豚在那湾流之中尽情地玩耍，“高高地跳到半空中”。

雷娜塔的名字本身意为“重生”。

四

美国约翰·霍普金斯大学历史教授肯尼斯·S·林恩先生对阿德丽安娜评价不高，在《海明威》一书中分析道：“阿德丽安娜做好了与海明威结婚的准备，以此作为一种手段去恢复日益衰落的家族财富，并且实现与文人名流过从甚密的梦想。但是，对于海明威的身体，她并不感兴趣。”既然如此，她不能不经常向朋友显示两人的亲密，尤其是男方爱她的“眼泪”如何之多。而在 1980 年出版的回忆录《比安卡塔》（书名取自瞭望山庄增修后的一座塔名）中，她依然津津乐道与大文豪的秘闻。她对这本书寄予厚望，但评论家和读者反应平平。其实，她的生活并不如愿：两次不幸的婚姻，与儿子关系紧张；她还酗酒，患有一连串的神经性疾病；尤其不能适应自己成为文学家的遥遥无期。1983 年 3 月的一天，她在罗马西部的一个农场的树上自缢而死。

五

海明威的人物很爱做梦。当然，圣地亚哥的梦多了一些，因为他是一个老人，独自出海也不奇怪。

《岛在湾流中》的画家托马斯有一个梦很优美——

> 不一会儿他就睡着了。他梦见自己又成了个孩子，骑了匹马，在一个陡峭的峡谷里奔驰。那峡谷到了一处就开阔起来，清澈的涧流边上还有一道沙洲。那涧流真是清楚，连涧底的鹅卵石都看得清……

不过，在他从梦中醒来之后，很快又做了一个噩梦，惊醒之后，“一身是汗”——

> 我看靠做梦来逃避现实可不是办法——他对自己说。我还是得像往常那样咬紧牙关忍着，不能指望什么来麻痹自己。还是醒醒，来好好思考思考吧。

托马斯醒来了，圣地亚哥又睡着了。他做梦了吗？如果做梦了，他又会梦到什么呢？尼采说：“我们最内在的本质，我们所有人共同的深层基础，带着深刻的喜悦和愉快的必要性，亲身经验着梦。”如是，梦到什么已经不重要了。

只要有梦。

狮子复活

一

随后他梦见那道长长的黄色海滩，看见第一头狮子在傍晚时分来到海滩上，接着其他狮子也来了，于是他把下巴搁在船头的木板上，船抛下了锚停泊在那里，晚风吹响海面，他等着看有没有更多的狮子来，感到很快活。

老人梦回当年，“在一条去非洲的横帆船上当普通水手”，看到那头狮子——

它从《曙光示真》中跑出来，倒在记忆里，又站在敬畏中。

那天，海明威和他的助手们向狮子经常出现的地方前进，“太阳仍挂在山顶之上”。不一会儿，看到了狮子，夕阳下，“狮子显得巨大、乌黑，狮身很长，夹杂着黄褐色、灰色和金色，它正望着我们”。

枪声响了。三个猎人向狮子开了五六枪。结果，“狮子挥动着前腿向前滑倒，巨大的头颅垂了下去”。

他们“都向狮子躺着的地方走去。那段路很长，每走一步狮子便大一些……”他们来到了狮子身边——

> 它黄色的眼睛尚未完全失去神采。我将手插进狮子浓密的黑鬣中抚摸了一遍……玛丽正跪在狮子身旁。

接下来的庆祝时，海明威感到内心变得空空的——

“又喝了一口酒”，之后“便在狮子身边躺下来，用西班牙语对它柔声说话，请求它原谅我们把它杀死。躺着的时候，我用手摸狮子身上的伤口。……我抚摸着狮子时一直都在用西班牙语对它说话。我用食指在狮子前方的尘土里画了一条鱼，然后又用手掌把图形抹去”。那一天是极不平静的，“半夜里我醒了起来，便再也睡不着了……我脑海里浮想出狮子对我看时眼中的神色，它看了我一眼之后就垂下眼帘，然后转向玛丽……”。

海明威继续想到——

我很高兴它死前能躺在高高的黄色的圆形土丘上，垂着尾巴，将巨大的狮爪松松地摊在前头，最后望一眼自己生活过的地方，望一眼远方泛着蓝色的森林和大山高处的皑皑白雪。

看到了死，就是看到了生。

老人梦里的狮子，是那倒下的狮子的复活。

二

是的，看到的死，就是看到了生。海明威说："生命最短暂的动物学得最快。"这是天生的危机意识。海明威深谙此理，让自己像一只饥饿的动物，尤其早年在巴黎的日子里。西尔维娅·比奇在《莎士比亚书店》一书中回忆——

……他从没给我们找过麻烦。几乎每天早上都出现在书店一角，读着杂志或一些作家的书。

……父亲在一种悲惨的境况下突然离世，只留给他一支枪。他突然发现自己成了一家人的支柱，成了母亲和兄弟姐妹的依靠，于是不得不放弃学习，开始为生计奔波。

……他为养家糊口做过各种各样的工作，包括报社记者。

海明威博闻多识，了解很多国家，懂得多种语言，而且得到的都是第一手知识，而非来自学院。在我看来，他会比其他年轻作家走得更远更快。

放下《莎士比亚书店》的这章“我最好的顾客”，眼前出现一个年轻人，他高大，黝黑，留着小胡子。他还没有吃饭，或者吃过了却没有吃饱，嗓音非常非常低沉地说：

“我叫欧内斯特·海明威。”

手，泡在盐水里

一

大马林鱼拼命时，老人感到“钓索火辣辣地从右手里溜出”，过后，“他把右手在船舷外的水里洗洗，然后让它泡在这盐水里，一面注视着日出前的第一线曙光”，等到觉得在水里泡的时间够长了，便“把它拿出来，朝它瞧瞧”。

海明威为什么不写老人把手泡在海水里，而是说“盐水里”？还有，老人吃鱼时为什么后悔没用海水晒盐？

此盐非彼盐。

耶稣说，“你们是世上的盐”。此盐防止肉体的腐烂、灵魂的腐败。

二

海明威注重人物的手。

《拳击家》中的“尼克站起身”，感到自己“一点儿没事”之后——

> 他摸摸膝盖。裤子划破了，皮肤也擦破了。两手都擦伤了，指甲里都嵌着沙子和煤渣。他走到路轨另一边，走下小坡来到水边洗手。他在凉水里仔细洗着，把指甲里的污垢洗净……

难道十指连心，手干净了，心也干净了吗？

坎特韦尔上校的手，“曾两次被子弹打穿，显得有点畸形”。面对这样一双丑陋的手，雷娜塔总想摸一摸——

> “让我摸摸你的手，”她说。“好了。你可以把手放到桌子上。”
>
> “谢谢你，”上校说。
>
> “请别这样说，”她说，“我想摸摸它，是因为整整一星期的每天夜里，我想差不多是每天夜里，我都梦见这只手，梦很奇怪，很杂乱，我梦见这是基督的手。”

少女的手抚摸丑陋的手——基督的手——含着盐的手——不朽的手。

三

“渔夫的手会表明他是渔夫，那手上的道道凹痕都是被船索勒的”——这话不是在《老人与海》中说的，而是坎特维尔上校的内心独白。也许，从那个时候开始，海明威的脑海里就有了圣地亚哥这双渔夫的手了吧。这双手在抽筋、火辣辣的疼痛之后，泡在盐水里。

盐水里的手是鱼。

盐水里的手是刀。

盐水里的手是尊严。

盐水里的手是反抗。

盐水里的手是敌人的死。

盐水里的手是朋友的桥。

……盐水里的手是拯救。

四

你仔细地看过自己的手吗？

摊开一双手，上面会表明你的身份、个性、焦虑、悔恨和丑陋吗?

摊开一双手，那伤痕所代表的冲动还在吗?

摊开一双手，那纹路里可有潺潺的流水声?

摊开一双手，那老茧可是一个旧坟，埋着一段新鲜的故事?

你的手还有疼痛感吗?

你的手还能握住匕首吗?

你的手还能感觉到风来了吗?

你的手还能放牧春梦吗?

你的手还能把茉莉插在女孩的头发上吗?

你的手还是你的手吗?

……如果不是，把它泡在盐水里——“这真实无误的湾流中的深色的水是世上最佳的治疗剂”。

疼痛是一种学习

一

经过了盐水的浸泡，老人瞅了瞅受伤的手，感觉“情况不坏”，之后说了一句很爷们儿的话——

疼痛对一条汉子来说，算不上什么。

接下来，海明威细致地描写了老人“连续的行为与事实”——这是他的强项——小心地攥着钓索，使它不致嵌进新勒破的任何一道伤痕；把身子挪到小帆船的另一边，这样就能把左手伸进海里。

没有受过伤的人，很难写得如此细腻、真实，牵动着阅读的心也疼痛起来。

其实，受伤也是一种训练，于写作，于人生，于命运，不可或缺。

二

1918年5月，海明威费了点周折，加入美国红十字会，奔赴欧战地之一的意大利驾驶救护车。7月8日夜，海明威受伤，真不幸！幸运地是他成为一战中第一个挂彩的美国人。关于那一夜的疼痛，《永别了，武器》里的中尉亨利受伤时的情节可作参考。

1918年7月14日，海明威的父亲接到一封发自意大利米兰的信，信中说他的儿子欧内斯特“康复得很快……尽管有200多片弹片嵌在身体里，但是都位于腿部。只有几片比较大，嵌得比较深，最严重的是位于膝关节的两片和右脚上的两片……两条腿都能完全保住”。海明威的父亲尽管是个医生，也保不准看到信时两腿发抖。信中还说：欧内斯特认为自己可以做得更多，可以去战壕里服务。他告诉意大利司令他的愿望。他们给了他一辆自行车，他每天骑着自行车到战壕里，给战壕里的意大利人送去巧克力、雪茄、烟和明信片。那里的意大利人已经熟悉了他微笑的脸庞，总是找这位“年轻的美国小伙儿”。

海明威的父亲却微笑不起来，直到眼睛里出现了儿子熟悉的笔迹——海明威在信的后面附上一段话——

> 我一切都好，我爱你们，爸爸妈妈！……请别惦记我。

1918年8月18日，海明威给家人写了一份信，详细地讲了受伤的经过：那枚“迫击炮给我留下了227个伤口，并不是很痛……膝盖骨不是很舒服。腿里的弹片就像冰雹球，给我了尖利的一击……我站了起来，带着我的伤挖掉身上的土。那一刻，我差点儿就要倒下了”。但他还是忍住痛，帮助另一个受伤的意大利士兵。“他们无法想象我究竟是怎样拖着受伤的膝盖和被刺破了两个大洞的鞋，带着200多处伤走了150码的”。

他告诉家人，十天之内他可以拄拐下地了。

这封信中有一句话反映了海明威的坚韧与乐观——我不得不再学一次走路。

受伤的海明威痛并快乐着，在8月4日致家人的信中讲了自己坐在河边的心情：我多么希望能坐在河边的旧甲板上垂钓啊！

为了让母亲放心，8月19日，海明威专门给母亲写信，告诉她：我的左腿已经完全愈合了，现在已经能打弯了。现在我已经在屋里的地板上拄着拐走来走去，但是一次只能走一小段路。

为了让父亲安心，9月11日，海明威专门给父亲写信，告诉他：我现在已经能走一小段路了，每天我都拄着手杖或拐杖走路。但是右脚还是不能穿鞋。

两封家书的关键内容就是告诉家人——他再一次学着走路，忍受着疼痛。

受伤期间，海明威的家信明显地多了起来，显然是肉体之疼和夜晚之孤寂，令他思乡情重。

9月29日，海明威给家人又写了一封信，这时他是在一处疗养地：我走路还是一瘸一拐的，但是我能在湖面上划船，坐在大树下听音乐，乘坐火车到山顶上观赏风景。10月18日，海明威回到米兰后，又写信安慰家人："我还能跛行着向前，战争还在举步维艰地进行，我就会在这里一直待下去。救护队里没有逃兵。"前面的信多是汇报伤情和恢复的情况，这封信的重点在于展开对战争、受伤和死亡的思考——

如果再次受伤也没有关系，因为我已经知道了受伤的含义。你会知道，原来自己能承受如此之多。……我们把我们的身躯贡献出去，但只有很少的一部分会被选择，但是这些被选择的人不应该得到特殊的赞颂，他们只是幸运罢了。我非常开心和骄傲，因为我被选择了。但是我不应该被给予特别的功绩。感谢成千上万奉献自己的人，所有的英雄都死去了，真正的英雄是那些父母们！死亡是一件简单的事，我已经见识了死亡，也真正了解了死亡……

在快乐和灿烂的年纪死去，熄灭熊熊燃烧的火焰比风烛残年之日走向幻灭要好得多。

如果我死去，那是因为我幸运。

三

我不知道海明威是不是喜欢梵高①的画，但梵高的这句话他是不会反对的：“我越来越相信，创造美好的代价是：努力、失望以及毅力。首先是疼痛，然后才是欢乐。”热拉尔·马瑟也言，“疼痛和信仰一样，你永远不知道有多深”，而疼痛对于普鲁斯特，则“成为天才的因子”。

海明威塑造的人物很少是没有受过伤的。此刻，回

① 梵高（1853–1890），荷兰画家，后印象主义的先驱，深深地影响了二十世纪艺术；代表画作有《星夜》《向日葵》《有乌鸦的麦田》等。凡高出生 46 年之后，海明威出生。

想一下那些熟悉的名字，可以不用解开他们的衣扣就知道那些伤疤——疼痛，像命运一样嵌入他们的身体——

《大双心河》中的尼克——背包“实在是太沉了”，“途中，沉甸甸的背包勒疼了他。他一直都是上坡，爬山真辛苦。尼克肌肉酸痛，天气又热，但是他的心情很好。他觉得自己已经把所有一切都抛在了脑后，不需要思考，不需要写作，什么都不需要。一切都留在了身后”。

《危险的夏天》中的斗牛士——那是一个意外，安东尼奥被牛刺进了左半面屁股，使他的身体离开了地面。“不过他后来两脚着地并没有倒下”。他的血流出来了，很快。但他没有接受治疗，又走到公牛面前，“十分愤怒，血流如注”。之后，他开始行动，对着牛，“瞄准了肩胛骨之间顶上的那个死亡穴，极为准确地刺进去。随后，他面对着牛抬起了一只手，命令牛倒下——随着他放在它体内的死亡倒下”。这时，“他站在那儿流血，不许任何人碰他，直到牛摇晃了一下，反倒在地上。他仍旧站在那儿流血……

《乞力马扎罗的雪》——哈里可以像任何一个男人那样忍受疼痛。

……看到他们受伤，看到他们疼痛，我们不是旁观者：有时，在他们受伤的地方，我们也曾在那里忍饥挨饿、悲泣流泪。是的，有人可以去替别人受伤，只是我们不要去做后者。

对于疼痛，战争的、爱情的、肉体的、心灵的，海明威的说法就是——

> 病痛让我慢了下来，但它们不能让我停止。它们得把我的两条腿齐膝砍断，再把我钉在柱子上——但是，即使到了那一步，我也许仍然能靠本能来对付它们。

此刻，老人没有再考虑疼痛。他开始吃“那条飞鱼”，细细咀嚼着鱼骨，从头到尾全吃了——

> 我如今已经做到了我能做到的一切。他想。让这鱼打起转来，就来交锋吧。

四

肉体的疼痛可以强化我们对身体的感受以及忍受。

心灵的疼痛可以加深我们对世界的感知以及领悟。

有谁说过吗：疼痛是一道门，可以了解世界，而伤口是命运的花朵……

迷路

一

你现在忙你的吧，鱼啊，他想。你转身时我要来收服你。

疼痛之后，老人的心情好了起来。晴天。微风。

“我只消朝西航行就成，”他说。“人在海上是决不会迷路的，何况这是一个长长的岛屿。”

看到这里，你没有疑问吗？

我是一下子就愣怔了：人在海上为什么决不会迷路？

老人的独白坚定，果断，毋庸置疑。

我是一直相信老人的。

可是，真理是质疑的结果。

我质疑：人在海上为什么决不会迷路？

哦，千万别给我答案。

二

那一天，有雾的吧，海德格尔[①]漫步林中，没有看到“路标”，稍加思考，沉吟着：“倘若没有迷途，也就不会有任何命运与命运的关系了，也就不会有历史了。”

好吧，好吧，命运以及历史——我们自然是要承担并成就的。如是，“迷路”恰是创造历史与命运的开端吧。

林中多歧路。

三

又想：迷路了不正因为是在路上吗?

又想：不要指望没有走丢过一次的人，会有惊艳的一跳。

---

① 马丁·海德格尔（1889–1976），德国哲学家；代表作品有《存在与时间》《林中路》《荷尔德林诗的阐释》等。海德尔格出生 10 年之后，海明威出生。

美丽之死

一

一开始，海明威就与我们捉迷藏——将大马林鱼在深水下隐藏得十分神秘：时而快时而慢，不慌不忙；看不到它，又能通过老人的自言自语和行动，感受到紧张、躁动、反抗。大鱼有力量，有智慧，狡猾。但是，我怎么也没有想到，它竟然是美丽着的——

> 它的尾巴出了水。它比一把大镰刀的刀刃更高，呈极淡的浅紫色，竖在深蓝色的海面上。它朝后倾斜着，鱼在水面下游的时候，老人看得见它庞大的身躯和周身的紫色条纹。它的脊鳍朝下耷拉着，巨大的胸鳍大张着。

海明威先让大鱼呈现它强力的巨大，造成视觉冲击，接着描述大鱼兜了一个圈子，接近了小船，它是“既沉着又美丽”的。每次看到这里，都涌上一股心酸和悲恸，为美丽的东西终要被毁灭。

> “你要把我害死啦，鱼啊……不过你有权利这样做。我从没见过比你更庞大、更美丽、更沉着或更崇高的东西……”老弟，来，把我害死吧。我不在乎谁害死谁。”

大鱼超越了美丽而“崇高”起来。崇高的另一面便是德行。置“崇高的东西”于死地，毁灭者可有德行？也许，人有权力凌驾万物，“过度”悲悯动物反倒暴露了虚伪和伪高贵。矛盾。所以，我很愿意想起狄德罗[①]的这句话：“如果我们将人，这个思考的存在，这个观赏者逐出地球，那么，悲怆而高贵的自然景观就只能是悲伤的，沉默的。世界也归于沉默；沉寂和夜晚占据了这

① 狄德罗（1713–1784），法国启蒙思想家、唯物主义哲学家，作家，第一部法国《百科全书》主编；文学作品有《修女》《拉摩的侄儿》和《宿命论者雅克和他的主人》等。狄德罗出生186年之后，海明威出生。

个世界。一切都将变成无边的孤独，所有不为人知的现象以一种晦暗、沉默的方式发生着。”

海明威也矛盾了。应该说，他一直是矛盾着的，在自然与人之间，到底谁更美丽和崇高？他曾为在非洲猎杀到庞大、凶悍的动物沾沾自喜，也曾为西班牙斗牛士的刺杀动作血脉贲张，但到后来，他越来越犹豫了，惶然了，从猎枪的瞄准镜里看到动物的身体时，少了血腥之快，多了敬畏之心。

必须保持头脑清晰，要像个男子汉，懂得怎样忍受痛苦。或者像一条鱼那样。

后面这句话完整地表述应该是：“或者像一条鱼那样懂得怎样忍受痛苦。”

鱼的痛苦就是海明威的痛苦，也是人向自身戕害的痛苦。海明威太清楚这一点了，所以用美丽之毁灭祭奠了大鱼——

它开始在船边游过去，身子又长，又宽，银色底上有着紫色条纹，在水里看来长得无穷无尽。

老人放下钓索，一脚踩住，把鱼叉举得尽可能地高，使出全身的力气，加上刚才鼓起的力气，把

> 它朝下直扎进鱼身的一边……他感到那铁叉扎了进去，就把身子倚在上面，把它扎得更深一点，再用全身的重量把它压下去。

“他感到那铁叉扎了进去”——我感到自己的心被穿透了，倒在船上，瞪大眼睛，看着那鱼最后一次“从水中高高地跳起来，把它那惊人的长度和宽度，它的力量和美，全部暴露无遗”。再看那，“海水被它心脏里流出的鲜血染红了……然后它像云彩般扩散开来”。

这片海水是从非洲的草原蔓延开来的，当海明威在追踪一头被击中了的豹子时——

> 我把一片肩胛骨放在嘴里。并不是为什么，我想都没想就这么做了。这块骨头把我们和那头豹子拉近了些。我咬了咬，尝着新鲜血液的滋味，和我自己的血的味道差不多。

二

可以说是美丽导致了毁灭。但我警告自己，“不可以”这样说。而是说：美丽制造了毁灭——这是血、呻吟、黑暗和断头台的象征。不，不是象征，是意义。

竖起桅杆

一

那一天看了两篇小说，对两个细节印象深刻。

白天看的《一桩事先张扬的凶杀案》，因为马尔克斯刚刚去世，为了纪念的阅读。看到了这段——

> 挂上门闩的时候，她听到圣地亚哥·纳萨尔的呼喊，接着是骇人的砸门声，但她以为儿子在楼上，正从自己的卧室的阳台上骂维卡里奥兄弟。她跑上楼去准备帮他。
>
> 她关上门时，圣地亚哥·纳萨尔还差几秒钟就能冲进来。……

接下来的惨状：圣地亚哥·纳萨尔被关在门外，“转过身”准备迎击凶手，结果被杀死。

晚上看的是《迷舟》，格非著名的小说，结尾是这样的——

> 萧没等警卫员说完，敏捷地翻了那只桌子，一侧身跳出了里屋。他冲到院子里的时候，他的母亲正在把院子门关紧准备抓鸡。萧像是一只疲狼窜到院门外，已经来不及拔闩了。他无可奈何地转过身。
>
> 警卫员握着枪走近了他。

下面的情形就是：警卫员向他开枪，“非常认真地打完了六发子弹”。

马尔克斯的《一桩事先张扬的凶杀案》发表的时间是 1981 年，当年他 54 岁；格非的《迷舟》发表的时间是 1987 年，当年他 23 岁——两个有着很多不同的作家，在各自的小说中“安排”了一个极为相似的细节——两个儿子的死都与母亲有关，与门有关——前者被母亲挡在门外进不来，后者被母亲关在门里逃不出。

这，说明什么？

如果不能说后来的小说抄袭了前面的小说，只能说两个（或者更多的）作家在写作某个情节或者细节时，并不“孤独”。当然，也有评论家看出了海明威在《大双心河》里将尼克放置在一片“被火烧毁的土地上”，无疑是他注意过艾略特[①]《荒原》中的渔夫坐在“贫瘠的平原”边上的描写。

他们想到了一起。

希望是灵魂的碰撞。

二

大鱼安静下来了。

老人提醒自己“保持清醒”，因为“战斗既然结束了，就有好多苦活得干了”。老人把大鱼“紧系在船头、船艄和中央的座板上”，之后——

> 他竖起桅杆，安上那根当鱼钩用的棍子和下桁，张起带补丁的帆，船开始移动……

看到这里，我在老人的身边又看到一个人，就像汉

---

① 艾略特（1888–1965），出生于美国，后定居英国；诗人、剧作家和文学批评家，诗歌现代派运动领袖；代表作品有《荒原》《四个四重奏》等。艾略特出生 11 年后，海明威出生。

嘉[1]打包时，“压力机旁边忽然出现了一位举止文雅的年轻人”，他马上认出那是耶稣，而“身边随即站了一位满脸皱纹的老人”——那“准是老子”一样的。

> 他立起树段，用斜杆把它们紧密固定，再用一根根长长的圆木做成筏舷。他竖起桅杆，在桅杆顶部装上帆桁，……用女神卡吕普索送来的布匹制作风帆，……把木筏挪进神奇的海水。

我看到的是奥德修斯。

三

我看《奥德赛》看到这里，也想到了圣地亚哥准备返航时的一系列动作——都是返乡，都在海上，都经历了殊死搏斗，“紧系”，“紧密固定”，“竖起桅杆”——相隔将近三千年，荷马和海明威的动作竟然有着惊人的

① 博胡米尔·赫拉巴尔（1914–1997），捷克作家；代表作品有《底层的珍珠》《一缕秀发》《我曾侍候过英国国王》。汉嘉是赫拉巴尔的小说《过于喧嚣的孤独》中的人物。海明威出生15年之后，赫拉巴尔出生。

相似。

如果再把马尔克斯和格非的相似考虑进去，那就是：这个母亲和那个母亲都间接地杀了自己的儿子，这个门和那个门都充当了棺材板，上面躺着死去的身体。

可不可以这样理解：不是两代、三代，或者相隔千年的作家相似，而是人类的代代相习——有了家园又去征战别人的田园；到处流浪还得还乡；走不尽的路，流不完的泪；看那河水向东，瞧那太阳向西；打到了鱼再失去；占有既是被占有……这些，相似。

四

文学的相似是可以理解的，这里面毕竟有着戏仿抑或致敬。

“幸福的家庭都是相似的”，那“幸福”就没有什么大的意思了。

生活，还是差异化的，好玩儿。

谁在那里又竖起桅杆？

鲨鱼是美丽的

一

老人把大鱼捆在船边，开始返航。这个时候，他只凭着风吹在身上的感觉和帆的动向就找到了回家的方向。他再一次把手浸在“盐水里”，看着闭着嘴的、尾巴直上直下地竖着的大鱼，感觉像“亲兄弟一样航行着”。

一切看起来都很安静。

但是，海明威露出了冷血——此刻，离第一条鲨鱼来袭击的时间还有一个钟点，且——

这条鲨鱼的出现不是偶然的。

二

鲨鱼——这个进攻者是可恶的、凶残的、暴力的吗？海明威用白描手法勾勒出了这条很大的灰鲭鲨的样子——

> 生就一副好体格，能游得跟海里最快的鱼一般快，周身的一切都很美……它的背部和剑鱼的一般蓝，肚子是银色的，鱼皮光滑而漂亮。它长得和剑鱼一般，除了那张正紧闭着的大嘴，它眼下就在水面下迅速地游着，高耸的背鳍像刀子般划破水面，一点儿也不抖动……它们游得那么快，那么壮健，武器齐备，以致所向无敌。它闻到了这新鲜的血腥气，此刻正加快了速度，蓝色的脊鳍划破了水面。
>
> 老人看见它正在游过来，看出这是一条毫无畏惧而坚决为所欲为的鲨鱼。

老人与大鱼的较量是慢慢展开的，与鲨鱼的搏斗一开始便是狭路相逢，短兵相接——“当那一片暗红的血朝1英里深的海里下沉并扩散的时候，它从水底深处上来”。显然，“流血事件”惊扰到了这片海域的生物，打破了这里的平静与和谐。第一个展开反击的便是这条灰鲭鲨——它蹿上来得那么快，全然不顾一切，冲破了蓝色的水面，来到了阳光下。

既然“这条鲨鱼的出现不是偶然的”，“必然”的也就不只是闻到了大鱼的血腥味。鲨鱼的到来，重要的原因是老人侵犯到了它的地盘，或者说是人类闯入了不该闯入的地方。它要反抗。

同样，另一条登多索鲨也成为反抗的一员——

它是美丽而崇高的，见什么都不怕。

故事发展到了这一阶段，海明威把对大鱼的赞美完全转移到了鲨鱼身上，毫不吝惜。而拥有着“崇高”的鲨鱼非但不憷人类，压根就没有瞧得上，看看它们进攻的架势：勇猛，凌厉，正面遭遇战，一点儿游击战术的圆滑都不用。

君子坦荡荡。

鲨鱼不是恶的象征。

鲨鱼也在战斗

一

鲨鱼到来之前，老人与大鱼的斗智斗勇尽管千辛万苦，却是胸有成竹。大多时间里，他都是躺着或者靠在船上，以静制动，以逸待劳，消耗大鱼的体力、拼劲儿和耐性；他还可以做梦，想到男孩，看看夜空，瞅瞅相亲相爱的海豚，把手放在湾流里，直到最后站起来，致命一击。但是，鲨鱼的到来，老人再也躺不住了，必须站起迎击——人与动物的搏斗，也才真正开始，由主动转为被动的开始。

理解了鲨鱼，才能理解海明威，理解大海代表的宇宙，理解秩序。

老人准备好了鱼叉，系紧了绳子，注视着海面。他“充满了决心，但并不抱着多少希望”。这悲观，何来？

光景太好了，不可能持久的，他想。

老人一心要保护大鱼不被鲨鱼掠夺。他抽空看了一眼大鱼，有点气馁：“这简直等于一场梦，他想。我没法阻止它来袭击我，但是也许我能弄死它。”

“没法阻止它来袭击我”，正如没有什么可以阻止老人打鱼——他出海太远了！

果然，“鲨鱼飞速逼近船艄……咬住鱼尾巴上面一点地方的鱼肉，牙齿嘎吱嘎吱地响”。老人“使出全身的力气，用糊着鲜血的双手，把一支好鱼叉向它扎去”，并扎死了它，看着它“慢慢地沉下去了”。可是，它“咬掉了约莫四十磅肉”是小事，糟糕的是把“鱼叉也带走了，还有整条绳子”。

不是一条鲨鱼与老人争夺，也不是一种鲨鱼与老人战斗——鲨鱼群是一个团队。反观老人只能单兵作战。老人再一次陷入孤单的境地，感叹“光景太好了，不可能持久的……但愿这是一场梦，我根本没有钓上这条鱼，正独自躺在床上铺的旧报纸上”。

老人一再叨咕“光景太好了”是什么意思？

意思只有一个：人对动物的猎杀太容易了。

看看吧，即便他是一个老人，额头、肩膀、手上都很疼痛，咽下的是不可口的食物，没能睡上一个安稳觉，最终还是把“比这小帆船还长两英尺”的大鱼杀死了，捆绑在船边。然而，骄傲、尊严只维持了鲨鱼到来之前，老人清醒地意识到“不可能持久”了。

那些一直判定鲨鱼是“恶势力”“黑暗力量”“人类的敌人”的评论家们，请——闭嘴吧。

还没看清吗——这些鲨鱼和大马林鱼才是兄弟。

如果老人认为没有人配吃那条大鱼，“不配，当然不配。凭它的举止风度和它的高度尊严来看，谁也不配吃它”，那么鲨鱼一次次地躲过老人的鱼叉、刀、棍子，义无反顾地要把它吃在嘴里，乃是要从人的手中夺回自己的骨肉。

二

站在人的立场上，老人是与鲨鱼在搏斗；站在鲨鱼或者鱼类的立场上，鲨鱼是与人类在战斗。

鲨鱼代表了自然力中一支独立、勇敢、团结、美丽、嫉恶如仇的力量。

老人后来反思，“也许我仅仅是武器比它强”。如此，这场战役中失败的一方早已注定。于是，有那么一个时刻，“在海上是决不会迷路的”的老人竟然感到了迷茫——

老人朝前方看去，不见一丝帆影，也看不见任何一只船的船身或冒出的烟。……他连一只鸟也看不见。

又是两个钟头过去，他看到了——两条鲨鱼中首先露面的那一条——在老人杀死大鱼之后，鲨鱼便成为了战斗者。

人不是为失败而生的

■ 一

人不是为失败而生的——没有这句话，《老人与海》堪称完美。这句话出现之前，海明威的叙述冷静从容，不动声色，随着老人与鲨鱼的较量到了紧要关头，他坐不住了，“越过”老人的头顶说出了这句名言——

> “然而人不是为失败而生的，”他想。“一个人可以被毁灭，但不能给打败。”

如果你曾因这句话热血沸腾，一点不奇怪。我就曾把它认认真真地抄在日记上。可以说，这句话是这部小说被人们引用次数最多的名言了。

但是，我敢说，这是一句伟大的败笔。

说其败笔——海明威不应该“替”人物说话。

说其伟大——老人在与鲨鱼进行殊死搏斗之时，需要力量。

记住这句话，在小说之外，在生死关头。

二

此刻，想起另一本书——《危险的夏天》，这是海明威继《死在午后》的第二本“斗牛专书”。其中有一段描写令人难忘。

斗牛士安东尼奥用了一个闪避动作从后面引着牛冲过来时，牛的右后蹄滑了一下，牛突然倾斜过来，右角正好刺进了他的左半面屁股。“没有比那个部位更缺乏浪漫性、更危险的地方可刺了”。这一刺使他的“身体离开了地面。不过他后来两脚着地并没有倒下”。血流出来了。大家都看到了牛角刺伤的严重性，救援就此展开。他的哥哥、经纪人和助手紧紧抓住他，想撑住他，送他到治疗室。他在一阵愤怒中挣脱开了所有人，再一次走到牛的面前，“十分忿怒，血流如注”。他果断行动，“瞄准了肩胛骨之间顶上的那个死亡穴，极为准确地刺进去，然后从牛角上抽出来。随后，他面对着牛抬起了一只手，命令牛倒下——随着他放在它体内的死亡倒下”。

他站在那儿流血，不许任何人碰他，直到牛摇晃了一下，反倒在地上。他仍旧站在那儿流血……

人不是为失败而生的——这是安东尼奥，一个斗牛士用流血和疼痛所做的诠释。

三

一个少年问：“你预先考虑到失败吗？”

海明威答：“你如果预先考虑到失败，你就会失败。当然，你们知道，如果失败了，会发生些什么事情，你得计划好退路——如果你不计划，那是不明智。那个拳击手乔·路易斯说的好……你可以躲开，但是你不能藏起来。”

四

一个人可以被毁灭，但不能给打败。

你知道海明威为什么喜欢这句话吗？

1951 年春天的一个深夜，在瞭望山庄，海明威来到霍契勒的房间。他“带着一个夹板，金属夹里面夹着一大摞手稿。他有点踌躇，几乎是坐立不安”。

“想叫你读点东西……玛丽一晚上就把它读完了；清早见面时，她说她原谅我做过的一切，还叫我看她膀子上的鸡皮疙瘩。作为作家，我总算获得了大赦。我希望我不会因为自己家里人喜欢它，就傻乎乎地认为自己写出了什么了不起的东西。所以我请你读一下——明天早晨，我们坦率地谈谈。”

海明威放下手稿，走开了。

霍契勒上了床，打开电灯，立刻看起来。他看到标题是用墨水写的:《老人与海》。他一口气看完，获得了“一生读书经历中最大的一次心灵震撼”。

第二天早晨，作家和读者交流了看法——

海明威：“这本书的核心是我所熟知的一句最古老的双重格言。”

霍契勒：“什么是双重格言？”

海明威：“这种格言顺着说或反过来说都一样。这句格言是：人可以被毁灭，但不能被打败。”

霍契勒：“人可以被打败，但不会被毁灭。”

海明威：“是的，反过来说便是这样，但我总更乐意相信人是打不败的。”

海明威太相信这句话了，同样相信这句话也可以从圣地亚哥老人的嘴里说出来。显然，他高估了一个渔夫的思想——于是，这句格言在小说里就像人正在咀嚼一口香喷喷的米饭时被一粒坚硬的沙子硌牙了，好在不算太严重。

五

后来，玛丽告诉霍契勒，“她天天为《老人与海》打字，与欧内斯特其他的作品相比，这部手稿一开始就写得工工整整。这么多页全没有欧内斯特通常所做的密密麻麻的修改”。这是作者对自己作品充满信心的体现。

海明威在创作《老人与海》之前，因为《过河入林》被评论界批评为糟糕之作而恼火。《纽约客》上就有E.B. 怀特[①]的讽刺性文章《过街入烤肉店》。海明威针锋

① E.B. 怀特（1899−1985），美国散文家、评论家，《纽约客》主要撰稿人之一；代表作品有《这就是纽约》《重游缅湖》《从街角数起的第二棵树》《夏洛的网》等。怀特出生 10 天之后，海明威出生。

相对：“越是伟大的文学作品，就越是容易模仿。这种效仿文章就如同小便池墙上的无聊文字。”自然，反击的时候他忘了，当年在巴黎，他竟不顾妻子哈德莉和一些好友的劝阻，发表了小说《春潮》——戏仿自己文学路上指路人安德森的《小城畸人》，两人的友情戛然而止。

众多讨伐《过河入林》的声音并没有妨碍一个人对这部小说的赞誉，只可惜，海明威无法看到1982年诺贝尔文学奖获得者加西亚·马尔克斯对《过河入林》的推崇——

> 我倒觉得他最迷人最人性的作品就是他最不成功的长篇小说：《过河入林》。就像他本人透露的，这原本是一篇短篇小说，不料误打误撞成了长篇小说，很难理解以他如此卓越的技巧，会出现这么多结构上的缺失和方法上的错误，极不自然，甚至矫揉造作的对话，竟然出自文学史上的巨匠之一。此书在1950年出版，遭到严厉批评，但这些批评是错误的。海明威深感伤痛，从哈瓦那发了一封措词激烈的电报来为自己辩护，像他这种地位的作家，这么做似乎有损颜面。这不只是他最好的作品，也是最具个人色彩的长篇小说。他在某一秋天的黎明写下此书，对过往那些一去不回的岁月带着强烈的怀

念，也强烈地预感到自己没几年好活了。他过去的作品尽管美丽而温柔，却没有注入多少个人色彩，或清晰传达他作品和人生最根本的情怀：胜利之无用。书中主角的死亡表面上平静而自然，其实变相预示了海明威后来以自杀终结自己的一生。

六

塞内镇被焚毁了，那一带土地被烧遍了，换了模样，可是这没有关系。不可能什么都被烧毁的。他明白这一点。

尼克明白了这一点，你明白了吗——不可能什么都被烧毁的。我相信你是明白了的。不过，我还是希望你再读一篇《大双心河》，如有时间把《尼克·亚当斯故事集》再看一遍，再好不过。

我跟它们斗到死

一

要是它们夜里来，你该什么办？你又有什么办法？

面对鲨鱼一次又一次的凶猛进攻，老人问自己——

“跟它们斗，”他说。“我跟它们斗到死。”

这是老人第一次想到自己可能会死：与鲨鱼较量时身体失衡落入海里；鲨鱼恼羞成怒把小船撞翻使他掉入水中——都是可能的。

死，是无法回避的。

想到某一时刻会死去，剩下的活法才会提炼出从未有过的意义。

最有价值的时间是所剩无几的时间。

二

> 死神出入成双，骑在脚踏车上，悄无声息地行走在人行道上。

与“斗到死”相比，有一种死尚来不及壮烈，这是《乞力马扎罗的雪》中的哈里对死神的感知——

> 因为就在这一刻，死神光临了，并把它的头靠在帆布床的床脚上，他闻到了它的呼吸。
>
> “让它走开。”
>
> 它不但没有走开，反而更靠近了一点。
>
> “你嘴巴里的气味真难闻……你这个臭烘烘的杂种。”

哈里不想无声无息地死掉。他想知道“雪豹在那么高的地方寻找什么”，为什么“就没有人做出过解释”。与其说是“她必须重新开始生活”，不如说是他自己，所以“他可以像任何一个男人那样忍受疼痛”。弥留之际，他终于看清了的向往之地——死去，也就是一次荣耀——

前方，他目所能及的像整个世界一样壮阔，雄伟高耸，在阳光下白得令人难以置信的，正是乞力马扎罗山方形的山顶。他于是明白了，那就是他要去的地方。

人，向死而生。将士死在战场，痴女死在爱侣怀抱，浪子的墓碑向着故土，而志士葬于尊严，诗人眠于幻想，出家人安于寂灭。死之地的选择也是意义的归宿。

“我可不想葬在法国，”尼克（成为了父亲的尼克）说。

“那也总得在美国找个比较方便的地方。我们就都葬在牧场上，行不行？”

“这个主意倒不坏。”

“这样，我去牧场的路上，可以在爷爷坟前顺便停一停，祷告一下。”

“你倒想得挺周到的。”

“唉，爷爷坟上连一次也没去过，我心上总觉得不大舒服啊。”

“我们总是要去的，”尼克说。“放心吧，我们总是要去的。”

《两代父子》的这段对话早早安排好了死的“牧场”；“我们总是要去的”，既是瞻仰，也是归宿。

坎特维尔上校重访意大利就是选择与死亡同行——

> 上校一直“想着各种美丽的地方，希望被安葬在那里，并且琢磨着自己该成为那片土地的一部分。……他想，你最终只会变为地下的肥料，甚至连骨头也派得上用处。我希望被埋在庭院的边沿处，但是能望得见那古老而雅致的房子和高大繁茂的树木。……我将会和那片土地化为一体，孩子们傍晚在那块土地上玩耍，早晨或许会在那儿训练马儿跳障碍物，马蹄在草地上得得作响，池塘里的鲑鱼瞧见苍蝇时会跃出水面。”

三

是的，“死亡不是结束”。

它也是一种生长，还是一种学习，而米兰·昆德拉的说法就更有警示的意味：死者“确知自己的优势，嘲笑我们，嘲笑我们生活的这个时间小岛，……让我们明白这一切的微不足道，转眼即逝……”

四

“今日将尽，明天又会是崭新的一天，再说还没有人在我的坟上走过。”海明威在《曙光示真》说出这句话的时候，当然还活着，而且又活了好几年。可是，你和我、更多的人看到“还没有人在我的坟上走过”——这，意味着什么？意味着我们正从他人的坟上走过。其实，那墓碑上的名字与我们的姓名并不遥远。很近。很近。那距离可能是四十九年，可能是一天，可能就是海明威自杀的子弹那么短。那么，我们是否严肃地问过自己，就像《太阳照常升起》中的科恩问着杰克那样——

> “你从没有觉得你的人生正在溜走，而你根本就没有享受过生活的乐趣吗？你没有意识到你已经虚度了将近半辈子吗？”
>
> “有啊，每隔一段时间都会这样想。”
>
> “你知道再过个三十五年我们就该死了吗？”

杀手，不要太冷

一

老人与大鱼的对峙，从身体到精神一直绷得紧紧的，不过间或也伴随着温暖的调子，就是老人从心里爱戴、敬畏这条鱼：“它是我的兄弟”；返回时“我们像亲兄弟一样航行着”；后来又觉得杀死这条鱼是“一桩罪过”——

> 也许杀死这条鱼是一桩罪过。我看该是罪过，尽管我是为了养活自己并且给许多人吃用才这样干的。不过话得说回来，什么都是罪过啊。别想罪过了……你天生就是个渔夫，正如那鱼天生就是一条鱼一样。

老人苦恼，只好搬出耶稣传教伊始在加利利海[1]边所收的最早的门徒之一彼德罗安慰自己——“圣彼得罗是个渔夫，跟那个了不起的迪马吉奥的父亲一样”。之后又为自己辩护了一下，“你杀死它是为了自尊心，因为你是个渔夫。它活着的时候你爱它，它死了你还是爱它”。

老人的态度就是海明威的态度——矛盾。从西班牙的斗牛士故事《死在午后》到非洲狩猎故事《非洲的青山》，海明威的人物时常表现出强烈的征服、控制、占有和主宰欲望——对动物，尤其那些大型的、强悍的、优美的动物。不过，他也在转变。《非洲的青山》记录了他的首次非洲之行，伊始以猎杀动物为乐趣和骄傲，从射向动物的枪声中获得强者的快感，并与朋友展开猎杀竞赛，乐此不疲。到了后来，他的狂野之心渐渐温存了——猎杀一头漂亮公牛之后的这段文字足以印证——

> 你不能靠我在芦苇塘里感受到的那种得意的心情生活，而杀死了动物，尽管那只是一头水牛，你感觉到一点儿内心的平静。杀戮不是你该和人分享

① 加利利海，以色列最大的淡水湖，也是地球上海拔最低的一个淡水湖，还是世界上海拔第二低的湖泊（仅高于其南侧的咸水湖死海）。加利利海其实不是一个海，只是传统上称为海。

的感觉，……我喝了口威士忌，它没有什么味儿，我没有得到什么刺激。

于是，“晚上那里又黑又冷，月亮还没有升起，我们都累了，拖着脚慢慢地走”。返回生着火的帐篷前，海明威依然感到“这个寒冷的夜，风很大”。无疑，这里悄然流露出了因猎杀动物而产生的内疚和对动物痛苦的悲悯。矛盾，驱动着海明威的内心——渴望与自然融合的田园冲动与支配自然的力量难以避免地发生碰撞、冲突、激辩、流血和“悲剧”——也就自然而然地投射、映衬到了小说人物的思维和行动中。

也好，没有矛盾就没有挣扎与警醒。

不怕矛盾，就怕麻木。

我们站在动物面前，麻木的时间太长了。

二

动物的眼睛，那受伤和死去的眼睛，像黑暗中沉重的光，在海明威猎杀的冲动与良知的谴责之间，闪亮，明示。

大鱼死后，“它的眼睛看上去冷漠得像潜望镜中的反射镜，又像宗教游行队伍中圣徒塑像的眼睛”。

坎特韦尔上校来到鱼市场，看到“这些鲣鱼，样子挺像船形的子弹，瞪着远洋鱼的大眼睛，即使死了也很有尊严”。

> 那大象慢慢地、吃力地转过两支长牙来，回头盯着他们。父亲第二枪打响时，那大象似乎晃了一下，有如一棵大树被砍断了，轰的一声向他们头上倒来。不过它并没有死。它本来只想在这儿停下，如今肩胛骨打碎了，它才终于倒下了。它不动了，可是眼睛还是充满了活力，一直望着戴维。它的睫毛极长，戴维觉得它的眼睛是自己有生以来见过的最有活力的东西了。

这头大象来自《一个非洲的故事》。海明威喜欢这头大象，让它“奔跑”在《伊甸园》的第 18 至 24 章，看似游离于一对男女的爱情，其深意却在于揭示青年作家戴维的内心世界——没有消逝的悲悯情怀。

海明威为动物之死留下了很多温情的笔墨。《非洲的青山》有一段描写散发出死的芬芳——猎杀者们在枪响之后奔跑起来，几乎摔倒在什么东西上——

原来是一头巨大、漂亮的公捻……它侧躺在子弹打进去的那一边，身边没有一丝伤痕，它的气味芬芳宜人，就像牲口的气息和雨后百里香的味儿。

三

谁习惯把随便哪种生命看做没有价值的，谁就会陷入认为人的生命也是没有价值的危机之中——一位生态学家的话，契合了海明威在《非洲的青山》中的一段反思——

“到了第五周的晚上”，受了伤的“我睡不着觉，孤单单的一个人，在疼痛中突然想到，如果你打伤了一头公麋鹿的肩膀而让它逃走，它一定会有什么样的感觉。那天晚上，我躺着，思绪万千，从子弹的冲击直到生命的终结的整个过程都感受到了，给弄得有点冲晕头脑了，心想也许我正在经历的正是对所有猎手的一种惩罚。

这个杀手不太冷。

同样，海明威也注意到了安东尼奥，这位《危险的夏天》中的斗牛士有一次将一头牛杀死——

> 就这一次，那张脸上在斗牛场内显露出了怜悯同情，而在那地方，怜悯同情是没有地位的。这当儿，牛知道自己已经死了，它的腿支撑不住，两眼变得呆滞。安东尼奥注视着它倒下。

此刻，还记得海明威那诗一般的语言描绘的动物的血吧——

> 海水被它心脏流出的鲜血染红了。起先，这摊血黑魆魆的，如同这1英里多深的蓝色海水中的一块礁石。然后它像云彩般地扩散开来。
>
> 这是一片肩胛骨，我把它放到嘴里。……这块骨头把我们和那头豹子拉近了些，我咬了咬，尝着新鲜血液的滋味，和我自己的血的味道差不多。后来，我满足地咀嚼着这块肩胛骨……碎骨头尖利的一端刺破了我的腮帮子，我尝到了自己的血那种熟悉的味道，混合着豹血的滋味。

这一时刻，人的血和动物的血——豹子的血，狮子的血，大象的血，大马林鱼的血——交融。

1807 年 1 月 11 日，谢林[1]在慕尼黑致信黑格尔[2]，信中有这样一句话：“人像太阳一样辉耀在万物之上，其余的一切都像行星般地围绕着它旋转。”如是，人类，为了自身的生存，必须猎杀动物，难道因此就可以无愧地接受动物的奉献与死亡吗？难道人类热爱自然，却又要通过占有、控制，甚至毁灭来表达这种热爱吗？

海明威是小说家，无意直接回答这些问题，但他做到了——怀抱着对动物的敬佩和崇拜，以及对动物痛苦的敏感，并把这些情愫展现了出来——他通过老人赞叹大鱼的壮美和顽强，把它当作兄弟，同时又在人与鱼的生死搏斗中，彰显出人的精神——

你永远行的。

时至今日，动物歧视主义者和动物保护主义者还在进行激烈的交锋，“因为动物权利是人类诞生至今所面对的最艰巨的道德挑战，不仅仅依靠我们的感情和爱

---

① 谢林（1775–1854），德国哲学家；代表作品有《先验唯心论体系》《哲学与宗教》等。谢林出生 124 年之后，海明威出生。

② 黑格尔（1770–1831），德国哲学家；代表作品有《精神现象学》《逻辑学》《法哲学原理》等。黑格尔出生 129 年之后，海明威出生。

心，更需要所有人的智慧来弄清楚：我们有善待它们的义务吗”？

答案就是：去掉后面的问号。

四

有一点毋庸置疑，海明威借助打猎来塑造人物，打猎行为成了男人之所以成为男人的一个仪式。且看《岛在湾流中》那段捕鱼的情节——那一天，托马斯和三个儿子以及好朋友罗杰出海打鱼，二儿子戴维钓到了一条大鱼——

> 小家伙黑黝黝的背拱得像把弓，手里的钓竿给拉得弯弯的，水里的钓线缓缓划过，海面上是船徐徐而行，百丈深处的水下是那条鱼在游。
>
> 可是，戴维就是不能把鱼钓上来。
>
> 一个多小时过去了。戴维累坏了。罗杰在辅助戴维“把住钓竿”。
>
> 正说着，船后右侧平静的海面突然破开了一个口子，从下面冒出好大一条鱼来，蓝里透黑，银鳞闪闪，一个劲儿从水里往上冒、往上冒，总见不到那尾巴，谁能相信竟会有这样长、这样大的鱼啊。

好容易那鱼全身露出了水面，跃起在空中，似乎还在那儿滞留了片刻，这才扑通一声落到了水里，白沫纷飞的水花溅得半天价高。

这鱼有1000多磅。

海明威对这一“仪式”保持了足够的耐心。

两个小时过去了。

戴维“很累很累了，那黑黝黝的背上、肩上，汗水加海水留下了一摊摊白花花的盐霜”。而鱼，还在兜着大圈子。

三个小时过去了，小家伙“咬紧牙关死命顶住，准备承受最大的苦楚”。

“搏斗已快近四个钟头了。……戴维还在不断地把鱼往上提……他脚后跟上露出了一些血迹，那是从脚板上淌下来的，在阳光下看去还是亮晶晶的”。“他的脚底板都快磨掉一层皮了”，手上“不但磨出了水泡，而且水泡全磨破了”。

罗杰很担心戴维。戴维却说——

“嘴巴里吞了个钩子的可是它……不是它弄得我够受。是我让它知道了厉害。这狗娘养的。”

“就是死在它手里我也不怕……不，不对！我并不恨它。我还爱它呢。”

“对它我决心奉陪到底。……其实我倒觉得它是天底下头一号的好东西。”

时间已经过去了五个半钟头。

最后，托马斯看清了“戴维手上血迹斑斑，脚上还在淌血，看去像抹了一道红漆。小家伙的背上叫钓索带都勒出了血印，小家伙每次使劲儿一提竿，临了总要把头一甩，那一脸的神气简直就像把命都豁了出去似的”。

那条大剑鱼终于露出水面：好大的鱼，遍体青紫，又大又阔的剑嘴指着前方，宽广的肩上嵌着个锋利的背鳍，巨大的尾巴简直连摆也不摆，就推动了身子一路游来。

但是，末了还是由于钓线断了，戴维只能“眼睁睁地看着它沉下去，一点点变小、变小，最后终于小到一点也看不见了”。

戴维接受了一番护理后对大家说：“不瞒你们说，我支撑到最艰难的时刻，人精疲力尽到了极点，心里竟迷迷糊糊的，连哪一方是它、哪一方是我都分不清了……从那一时刻起我热爱它就超过了世上的一切……我觉得自己挺爱它。只要它平安无事就好，只要我平安无事就好。我们并不是对头冤家。”

戴维的话是不是很耳熟——如果最先看到的是上面的这一“仪式”，一定会感到老人的钓鱼过程“抄袭”了戴维的钓鱼经历。即使不算抄袭，也是一种“重复”。海明威难道不知道吗？他知道。但他实在无法回避人与鱼的生死较量以及之后的敬畏。再看一眼老人钓上来的那条完整的大鱼的最后惊艳——

> 于是那鱼闹腾起来，尽管死到临头了，它仍从水中高高跳起，把它那惊人的长度和宽度，它的力量和美，全部暴露无遗。它仿佛悬在空中，就在小帆船中老人的头顶上空。然后，它砰地一声掉在水里，浪花溅了老人一身，溅了一船。

五

每当我注视着海面，看到那些快乐的游来游去的鱼，耳朵里总能听到“砰” 的一声，随后浑身便被浪花溅湿了——我知道，这是灵魂打了个冷颤。

出海太远了

一

十年前，或者二十年前，你如果问我《老人与海》中哪句话令人刻骨铭心，我一定回答——人不是为失败而生的。但是，现在我会说是这句话——我出海太远了。前一句是英雄说的，是启示，高高在上；后一句是人说的，发自肺腑，与我们血脉相通——

> 你原来是条完整的鱼。很抱歉我出海太远了。我把你我都毁了。

“你我”就是大鱼和老人，也是自然和人。

《老人与海》是一部内涵丰富的小说，认真研读才会发现海明威隐匿在文字背后的深思与反省。诸如，由于“出海太远了”，“就失去了自己的好运气”——海明威在老人刚刚钓到大鱼的时候，就“放下”了一句话，为后面老人的懊恼做了铺垫——

> 它选择的是待在黑暗的深水里，远远地避开一切圈套、罗网和诡计。我选择的是赶到谁也没有到过的地方去找它。到世界上没人去过的地方。

那么，可不可以说：“世界上没人去过的地方”就是——人不该去的地方，何况那里已经属于其他生物的天地？我愿意这样理解。我更愿意这样来想象——对于老人的闯入，并捕到了大马林鱼，鲨鱼以一次次的团队进攻宣告了它们是自然的复仇者，冒死夺回被人类掠去的它们中的一员。如果鲨鱼会说话，它们就会说：大马林鱼，是我们的兄弟。

我发现：自从老人钓到那条大鱼并把它杀死，就一刻没有感到过快乐，更别提自在了。他一边为自己鼓劲儿，一边检讨——

> 但愿这是一场梦，我压根儿没有钓上它。我为这事感到抱歉，鱼啊。这把一切都搞糟了。

这时，海明威“看到”——老人顿住了，此刻不想朝鱼看了——但是，海明威又转过身去，凝视着那条大鱼：它流尽了血，被海水冲刷着，看上去像镜子背面镀的银色，身上的条纹依旧看得出来。

这是对大鱼的默哀。

紧接着，老人又自言自语道：“我原不该出海这么远的，鱼啊，”他说，“对你对我都不好。我感到抱歉，鱼啊。”

当鲨鱼退去，搏斗结束之后，老人再一次逼问自己“那么是什么把你打垮了”这个问题——

> “什么也没有，”他说出声来。“只怪我出海太远了。”

这是老人在说话，更是海明威在说话——这个时候，他需要表明立场——可以原谅他冒然出现在老人的身前了。

越来越觉得《老人与海》有太多的东西隐喻了海明威的生活观、价值观，还有如何才是“好样的”之“相亲相爱”。读小说，也是在读作家，还是在读自己，相互铨镜就有了辨别与认知。也可以说，小说在“读”之外的某个地方，俨然塑造了生活的某些方式与形态，或在点醒迷梦，或是感召同路人。这就是文学对生活的参与吧——我自以为——是的。

有些时候，认真对待小说就是认真对待自己和人生。

二

海明威对于人类“出海太远了”的感叹早就发声了，只是听到的人不多。

海明威是寂寞的。

海明威早期的小说《最后一片清净地》中，尼克和妹妹来到了一片“见不到一丝阳光”的老林，妹妹忍不住说——

> “我从没有到过这样的森林。”
> “这一带也就只剩下这么一片原始森林了。”
> “我们要在这林子里走很远吗？”
> “路相当长啊。”

后来，尼克告诉妹妹，“……从前的森林都是这样的。这片森林怕是眼前还留下的最后一方清净地了。这儿是从来没有人来过的。”

小妹说“我喜欢从前的日子……”，后来又说“这样的森林使得我觉得心里虔诚得不得了”。

确实。因为“这儿是从来没有人来过的”，所以觉得“虔诚”，所以连“大教堂都造得有这样的气氛”。

海明威时刻警惕人的“界限”，盲目超越必遭惩罚。

《过河入林》中，坎特韦尔上校与好友在总结一次战役时检讨“我们走得太远了”；好友更是直截了当，是“走过了头”，之后又补充说“人人在犯错误之前都很正确”——这是为错误辩护还是无奈，抑或一种宿命时刻等待着人类步入谬误之途？

其实，在《老人与海》中，海明威多次留下了“暗示”，只是过于隐晦而被忽略了——

> 东方天空布满了云，他认识的星星一颗也不见了。他眼下仿佛正驶进一个云彩的大峡谷，风已经停了。

显然，老人闯入了陌生的海域，指引他航程的“星星”便被云彩隐没了，“一颗也不见了”。

这就是惩罚。

后来，海明威用那句“双重格言”为老人鼓劲儿，老人还是无法阻止鲨鱼的进攻，感叹自己“太老了，不能用棍子打死鲨鱼了”，尽管他还有“桨和短棍和舵把”，

“还要试试”，但被鲨鱼打败已是不争的事实……当他手中再也没有“武器”时，“他明白他如今终于给打垮了，没法补救了”。

为什么被“打垮了”？

被动物打败的声音不只来自海上，还发自非洲的青山。《非洲的青山》中有一次狩猎，当他们被一头打伤的公貂羚弄得精疲力尽之后，海明威感叹——

> 我们被打败了。

认识到被动物打败了，海明威放下猎枪，思绪恬静、温和而宽容——

> 我会看见水牛在它们生活的地方吃草，当大象从山里出来，我们会看见它们，看着他们踩断树枝而不必开枪，我会躺在落叶里，看到捻到外面来吃草，绝不朝它们开枪，除非我看见一头比车厢里的这头更好，我不会再整天去追踪那头肚子上已经受了重伤的公貂羚，而是躺在一块岩石后面，注视着山腰上的它们，久久地看着它们，使它们从此永远逗留在我的脑海里。

海明威深深地陷入思考，不像一个小说家，而像一个充满忧患意识的思想家——

> 我们一旦到达一片大陆，这大陆就迅速变老。……砍下树木，抽干河水，……一个地区会迅速衰竭……机械不可能再繁殖，也不能使土壤肥沃，它吃的是人们所能种植的。一个地区应该是我们发现它时的那个样子。我们是闯入者，等我们死后，我们也许已把它毁掉，但它仍然会在那里，而我们不知道接下来会有什么样的变化。

是的，海明威——老人——我们——是闯入者，等我们死后，我们也许已把它毁掉……

回过头来再看《老人与海》，你是否看到：在老人与天气、老人与大海、老人与大马林鱼、老人与鲨鱼对峙、对抗、妥协的后面，乃是人与自然应该和谐相处成为“亲兄弟”的反省、劝诫和守望。

如果我们面对动物和自然总是握着鱼叉、枪，开着挖掘机，最终就会将自己的白色脊骨，留在海滩上，随着潮水起落、摇摆，直到被时间湮没。

三

1308年前后，但丁在《神曲·地狱篇》第26章，借助“赫拉克勒斯[①]石柱”告诫人类不要逾越自己的界限。尤利西斯向但丁讲述了自己的故事——我渴望浪迹天涯、体验人类的善恶和美德的热情，于是乘着一只船，带着剩下来的几个伙伴，向着又深又辽阔的大海驶去。我远至西班牙和摩洛哥，看到了两边的海岸，还看到萨丁岛和海中其他的岛屿。当我们到了一个狭窄的海峡（今日的直布罗陀海峡），看到赫拉克勒斯竖起的两根石柱，指示人类不要再向前走了……

但是，尤利西斯一伙人还是渴望着继续航行，“于是把船艄转向着晨光。划着我们的桨，很像鸟的两翼，大胆地向前驶去”。这是一次“艰难的航程”，月亮已经圆缺过有五次了，当远处“隐约地看见一座山”，而且“高得出奇”时，大家都很快乐，“但是顷刻间欢乐

① 赫拉克勒斯，希腊神话中的英雄之一，他是主神宙斯与阿尔克墨涅之子，因其出身而受到宙斯妻子赫拉的憎恶。后来他完成了12项被誉为“不可能完成”的伟绩，除此之外他还解救了被缚的普罗米修斯；相传赫拉克勒斯竖起的两根石柱原来是一座山，被赫拉克勒斯分成两半，作为界碑，标明这里是世界的尽头，不让人再往前走了。

化为悲哀；因为从新的大陆起了一阵旋风，打在船头上。风浪冲击着我们的船在海里旋转了三次；第四次的时候，船尾翘起，船头下沉；那海水把我们吞没下去了”。

不错，有些“界线”是不能逾越的。

《神曲·天堂篇》第26章，亚当的灵魂对但丁说，“我的孩子呀！你要知道：并非那果子的美味引起这样的放逐，只因为我超过了界线罢了”。

人们为什么要超越“界线”？《神曲·炼狱篇》第7章，贝雅特丽齐就告诉了但丁，亚当是“因为他不愿意忍受对于自己有利益的约束，他自己堕落了”，并“累及他所有的后裔也堕落了；从此人类气息奄奄了许多时间”。也正因为如此吧，当但丁入得天堂，可以“向下遥望”之时，又看到“尤利西斯所采取的疯狂路线”。

是啊，很多时候都是因为我们“出海太远了”，最后“那海水把我们吞没下去了”。

1912年4月15日凌晨，超级豪华邮轮“泰坦尼克号”沉入大西洋，两周之后，72岁的小说家、更是诗人的托马斯·哈代[①]（当年，海明威还是一个13岁的少年）写了

---

① 托马斯·哈代（1840—1928），英国小说家、诗人；代表作品有《德伯家的苔丝》《无名的裘德》《还乡》《早期与晚期抒情诗》等。哈代出生59年之后，海明威出生。

《两者相会：泰坦尼克号失事有感》的诗，其中三行——

漂亮的轮船长大了，
亭亭玉立，花容月貌，
冰山在朦胧寂静的远方也已长大。

是的，一种对抗的“冰山”之锋时刻等待着人类——虚荣的、奢侈的、炫耀的、不可一世地撞过去，然后“静静躺卧”，或者只留下“白色脊骨”。

四

1923年11月7日，海明威在致父亲的信中最后写道，“对待错误的唯一方式是交点学费，并尽快从错误中走出来”——我们还在交学费——重复地交学费——

很抱歉我出海太远了。我把你我都毁了。

所以说，能够像维特根斯坦那样思考并行动，就好了：“别人从那里继续往前走，我却在那里停留下来。”

放下了

一

坚信：虚构比现实更“真实”、更深刻、更有力，也更具悲剧和启示意义。这一坚信，也从海明威的文学里获得佐证，尤其是《老人与海》。海明威是从 1936 年 4 月号美国《老爷》杂志上获得的老人与大鱼、鲨鱼的故事，十六年过去，他做出的最大、也是最经典的虚构，便是将现实中老人的眼泪收藏了起来——他不允许老人哭泣，或者说不允许老人面对被鲨鱼打败的结果——剩下的大鱼的脊骨哭泣。老人可以为男孩哭泣，为女人哭泣，为相亲相爱的海豚哭泣，为哈瓦那港口的灯火哭泣，为孤独哭泣，为狮子哭泣。于是，当大鱼只剩下脊骨，鲨鱼也撤退之后，海明威开始了伟大的虚构：老人认清自己“终于给打垮了，没法补救”，回到船艄，我们也就看到：接受失败，比获得胜利更具诗性——

> 把麻袋在肩上围好，使小船顺着航线驶去。这时航行得很轻松，他什么念头都没有，什么感觉也没有。他此刻超脱了这一切，只顾尽可能出色而明智地把小帆船驶回他家乡的港口。

小帆船驶起来多么轻松，多么出色——这是老人心情的真实反映。因为“除了掌舵之外他什么都不理睬”了，他“超脱了这一切”——放下了大鱼，放下了鲨鱼，放下了鱼叉，也放下了作为渔夫要杀死大鱼的尊严。

二

你，何时放下？

我，何时放下？

三

雷娜塔送给坎特韦尔上校一个非常贵重的祖传方形绿翡翠。上校总是想还给她，他一直认为“我很富有”。他对雷娜塔说，要把绿翡翠“当着大家的面，放在这块亚麻桌布上”——

“不，你不会，”她说，“因为你已经爱上了它。”

“我会把任何一样我喜欢的东西从你见过的最高悬崖上抛下，而且不等听到它落地弹起的声音就转身离开。”

上校没有“占有”那块绿翡翠，他嘱咐别人在他死后转交给雷娜塔。

上校知道自己不能拥有的是什么。他与雷娜塔再次见面时，又对她说“别忘了提醒我把翡翠还给你”——

“请别这么狠心。”

“我们俩都很珍惜我们伟大而崇高的爱情，可我也同样看重自己的那一点点体面，我不能要了一样丢了另一样。”

“我不能要了一样丢了另一样”，也可以理解为“我不能什么都要”，或者说“我什么都要了就是什么也没有得到”。

上校是个明白人。

杰克也是个明白人，他对布蕾特说：“你要是总提起它，就是失去它了。”当然，《太阳照常升起》中的明白人不是很多。

霍契勒回忆 1954 年与海明威在威尼斯的一次聊天时说，“欧内斯特总是把自己的财物送给别人，以此来确保自己不为财物所支配。除了打猎用具和油画以外，他只保留很少有价值的东西”。

海明威很清楚：“你能把一件物品送给别人，你才算是拥有它。”

遗憾的是，海明威留下了一件不该留下的东西——那是一个圣诞节，他收到母亲邮寄来的一个包裹，里面装着他父亲自杀用的手枪。她的母亲还在一张卡片上写着，认为他愿意保存它。多年以后，海明威对朋友说：“我不知道这是预兆，还是预言。”

四

朋友问：“你为什么要自杀呢？”

海明威回答：

“一个人快到 62 岁了，他想到他没法写作他许诺过的书和小说，你看他会怎么办？也没法做在他身体好的日子里许诺过的其他事情。

“……最好的是我以前写的，可是现在我不能完成了。

“……我不能按照我的生活方式生存是不可能的。……那就是我一直以来生活的方式，那就是我必须生活的方式——要么不活。”

根据玛丽回忆：那一天清晨，家里发生了猎枪的响声，她跑下楼去。她说，欧内斯特正在擦猎枪，猎枪突然走火，射死了他。

而在此前的一天，在几个人要接海明威去医院的时候，他“打开房门，突然在别人没有来得及以前，砰地一声把它关上并且上了门栓。一个人跑到另外一个房门，冲了进去，发现他站在枪架旁，手里拿着猎枪，正向枪膛里装子弹……”

枪响的那一天是1962年7月2日，离他的生日还有十九天。

时间往回：1928年12月26日，克拉伦斯·海明威开枪自杀，所用的枪支正是海明威爱戴的祖父在内战时期携带的32口径手枪。海明威安葬了父亲，从此再也没有回过橡树园小镇。

时间往前：1998年情人节后的第二天，一个女人在伦敦自杀了。当时，她身患癌症，双眼什么也看不到了，再也无法从事写作——于是，觉得生命丧失了意义。

她服下了安眠药。

她 90 岁。

她叫玛莎·盖尔霍恩。

她曾经是海明威的第三任妻子。

她离开海明威。

她说："我的人生不是任何人的注脚。"

这一次，她因为不能再热爱写作与他在天堂不期而遇了。

这一次，他和她没有争吵。

五

"预言"结束了。

《太阳照常升起》中的杰克这样反思——

> 也许你一路走来，确实学到了点东西。我不在乎学到的到底是什么，我只想知道我如何在其中生活。也许在你懂得了如何在其中生活的时候，也就明白你学到的到底是什么。

关于生活，1961 年 1 月 16 日，海明威在给儿子帕特里克的信中说，"我认为生活中的每一个小片段并不一定非常完美，却是我们生命长河中不可或缺的一部分”。

还是关于生活，1926 年 12 月 7 日，海明威在写给麦克斯·珀金斯的信中说：“不管怎样，对我来说生活、各种地方以及所有的事情都充满了巨大诱惑，我很想找时间融入到它们当中，……我认识一些很不错的人，即便他们将要走进坟墓了，他们还努力想在人生旅途中上演一场很美妙的表演。”

可以说，你和我，还有街边上正在赶路的人、河边上正在徘徊的人、车站上正在候车的人、山顶上正在休息准备下山的人、病床上浑身插满了各种管子艰难呼吸的正在等待第二次手术的人、刚刚离婚又站在结婚仪式上为别人主持婚礼的人……我们大家，都是在“人生旅途中上演一场很美妙的表演”。因为我们是主角，没有替身。

1936 年的一天，在哈瓦那，海明威当着玛莎和一些朋友的面说：“生活比死亡要艰难得多，要是写作比生活更艰难的话，那就糟了。”这话你有何感想？从你紧锁的眉头上可以看出，你正在体味生活的艰难。在你四处奔波有时甚至是流浪的时候，你有一种感觉，自己成了一个局外人，在车水马龙与灯红酒绿的边缘，在远山与麦田的边缘——连个配角都不配。好在，你没有转身。那就面对吧。

面对。

在事情变得最糟、最无助的时候，你只需继续往前走就行了。

这句话，来自 1929 年 9 月 13 日海明威在法国的昂代写给菲茨杰拉德的信。在信中，他还告诫好朋友要有信心，要相信自己的才华，专心创作，“每个人都会失去所有的光彩——但我们不是桃子，并不意味着你会腐烂。一支用得磨损并失去了原来光环的枪才是好枪。马鞍也是如此。人更是如此”。

记住圣地亚哥的话吧，“海里有我们的朋友，也有我们的敌人。还有床……”

此刻——

他感觉到已经在湾流中行驶，看得见沿岸那些海滨住宅区的灯光了。他知道此刻到了什么地方，回家不在话下了。

吃苦

一

老人睡着的时候，男孩来了，给老人弄来的热咖啡。后来老人醒了，喝了咖啡，一老一小聊了起来——

"现在我们又可以一起钓鱼了。"

"不。我运气不好。我再不会交好运了。"

"去它的运气，"男孩说，"我会带来好运的。"

"你家里人会怎么说呢？"

"我不在乎。我昨天逮住了两条。不过我们现在要一起钓鱼，因为我还有好多事要学。"

"我们要弄一只能扎死鱼的好长矛，经常放在船上。……我的刀子断掉了。"

关于打猎，《两代父子》中尼克有一句既是内心独白又是对儿子的告诫：“打下了一只飞鸟，就等于打遍天上的飞鸟。”就打猎技能来说，掌握起来并不难。所以说，男孩着急的不是又能与老人“一起钓鱼了”，而是“还有好多事要学”。此前，“老人教会了这男孩捕鱼”，这一次男孩要学的是“好多事”里会有钓鱼的技巧，但绝不限于此。在他看过老人的船和“从鼻子到尾巴有18英尺长”的白色脊骨之后，男孩要学的东西超越了捕鱼之道——

> “你得赶快好起来，因为我还有好多事要学，你可以把什么都教给我。你吃过多少苦？”
>
> “多得很啊，”老人说。

“你可以把什么都教给我”后面的话才是关键——“你吃过多少苦？”男孩想知道老人的受伤和疼痛，想知道鲨鱼的一次次进攻，想知道大鱼为什么就剩下了一副白色的脊骨。总之，他想了解老人的骄傲、尊严，更要体味老人吃过的苦。

你吃过多少苦——我在问你的时候，也在问自己。

将吃过的苦反刍为一条向上攀爬的绳子的人，才得真苦。

不负苦心，焉得福报。

二

诗人："假使你要离开这块荒野的地方，你应当另寻一条出路；……我将做你的引导人，引导你脱离这块可怕的地方。……假使你愿意上升，有一个比我更高贵的灵魂来引导你，那时我就和你分别了。"

但丁："诗人呀！请你为上帝的缘故，引导我逃出这个森林和其他更坏的地方；伴着我到你方才所说的境界，一看沉溺在悲哀的深渊里的幽灵；最后引导我到圣彼得的门。"

于是维吉尔[1]在前走，我在后面跟着。

是的，"我在后面跟着"——跟着学习。

若干年前，青年悲剧诗人柏拉图焚毁了所有诗稿，

---

① 维吉尔（前 70 年 – 前 19 年），奥古斯都时代的古罗马诗人，被罗马人奉为国民诗人，也是世界文学史上最伟大的文学家之一；代表作品有《牧歌集》《农事诗》《埃涅阿斯纪》。维吉尔出生 1 969 之后，海明威出生。

也是为了“跟着”苏格拉底做一名学生，学习哲学。

若干年后，尼采说：“……能够向希腊人学习，本身就是一种崇高的荣誉和出众的优越了。今日我们正经历这悲剧的再生，危险在于既不知道它来自何处，也不明白它去向哪里，我们还有什么时候比今日更需要这些最高明的导师呢？”

三

远处，丧钟敲响。

隐隐传来查拉图斯特拉的声音：“有哪个战士想要受到照顾！”

人，一边吃苦，一边长大。海明威用简单的对话把男孩渴望成长——更是人类渴望学习——学习吃苦，并在苦难中寻找永恒之“非洲的青山”和“曙光示真”——揭示了出来。

相信老人用失败教诲的这个男孩，今生今世都会在那湾流上康健地畅游。

相信男孩以人类正义之名，保持与自然的距离，保持与正自由自在地游在生生不息之域的大大小小的马林鱼、鲨鱼的距离。再看那——

一大群海豚，伸展 8 到 10 英里长，而这时正是它们交配的季节……

他躺下

一

还记得海明威在1952年9月13日说的这段话吧，针对一些评论家认为《老人与海》中存在很多的象征——

> 没有任何象征的东西，大海就是大海，老人就是老人，孩子就是孩子，并且鱼就是鱼，鲨鱼就是鲨鱼，没有什么好坏可言。人们认为这象征什么东西，全是胡说。更深层次的东西就是当你了解了之后所感悟到的，作家应该领会得更深。

我不相信这话是真的。

进了窝棚，他把桅杆靠在墙上。他摸黑找到一只水瓶，喝了一口水。然后他来到床上，他躺下。他拉起毯子，盖住了两肩，又裹住了背部和双脚，脸朝下躺在报纸上，两臂伸得笔直，手掌向上。

“他躺下”和“两臂伸得笔直”都不是简单的动作。

“两臂伸得笔直”与身体形成了一个十字架——如果不是象征，谁睡觉会摆出这样的姿势——从十字架上，我们看到了耶稣。

耶稣受难，耶稣复活。

老人失败，老人救赎。

《尼克·亚当斯故事集》中收录了一篇小说，叫《我躺下》——我躺下——引自《圣经·诗篇》第3篇第5节《晨祷》：“我躺下酣睡，我睡醒起来，主都在扶持我。”

有主扶持，“躺下”或者睡上一觉就变得十分惬意了。

那天夜里，尼克躺在房中的地板上，听着蚕在吃着桑叶——

我躺着睡不着的时候自有种种消遣的方法。我会想到小时候一直去钓鳟鱼的一条小溪，会在心里想象仔仔细细地沿河一路钓鱼的情景……

老人“熟睡着”时，男孩先后来了两次，外面的“风刮得正猛”，老人丝毫不觉。老人睡得很香……

二

> 那天下午，露台酒馆来了一群旅客，有个女人朝下面的海水望去，看见在一些空啤酒罐和死梭子鱼之间有条又粗又长的白色脊骨，一端有条巨大的尾巴，当东风在港外不断地掀起大浪的时候，这尾巴随着潮水起落、摇摆。

我们知道那是什么。但是，其中一个旅客竟把它看成了鲨鱼，说是“鲨鱼有这样漂亮、形状这样美观的尾巴”。可见，这一“误读”或者“误判”有着深刻的意义：很多人永远不知道、也不理解老人与鲨鱼之间的搏斗。

但是，海明威不想再说什么了，作为一个作家，他做了自己该做的一切。于是——

> 在大路另一头的窝棚里，老人又睡着了。他依旧脸朝下躺着……

三

人要睡好，就必须拥有全部的德行——尼采借助“智者”如是说。当然，这一睡眠不是“无梦”的，而是“有梦”的。

可以睡了。

大地呼吸着喧嚣之后的残余的诗歌和伤感。

庞大的夜之下，一个少年仰望星空，泪流满面，那眼泪垂落在河的岸边，企图接近水里的星星。

此刻，你的梦，还在吗？

男孩坐在他身边

一

在大路另一头的窝棚里，老人又睡着了。他依旧脸朝下躺着，男孩坐在他身边，守着他。

你会发现，老人回来后一直懒在床上。

他累了。

老人不动——海明威的真实用意——孩子在动：一直在忙活，果断，快速，有主意，与三天前相比成熟了。

是的，男孩长大了。

男孩是老人的“复活”。

二

保拉·麦克莱恩，这位美国密歇根大学诗学硕士在《我是海明威在巴黎的妻子》一书中，以第一人称真实地还原了哈德莉怀孕时的忐忑与期盼。她一直担心海明威会认为新生的婴儿是个累赘——

> 我看着他的眼睛，说：“我要有宝宝了。”
>
> “现在？”他的脸上立刻出现警觉表情。
>
> “秋天出生。”
>
> “拜托，告诉我这不是真的。”
>
> “真真的。开心点。小乖。这是我想要的。”
>
> 他叹气：“这事你知道多久了？”
>
> “没多久。大概一个星期。”
>
> “我还没准备好，完全没准备。”
>
> “到时就会准备好了。你说不定会很高兴呢。”
>
> “接下来几个月完蛋了。”
>
> “你会继续写东西的，我知道灵感会出现。”
>
> “会出现的是其他东西。”他闷闷地说。

孩子出生前夕，海明威在外地采访。

隔天一大早，欧内斯特终于赶来医院，气喘吁吁，悸动不已，我坐在床上哺乳。

“老天。”欧内斯特说，情绪崩溃。他就站在门口，掩面哭泣，“小乖，我好担心你。我在新闻采访车里收到电报，上面只说宝宝已诞生，健康平安，但对于你的状况只字未提。”

“我的小乖，你看见了，我很好，一切都很顺利。快来看看这小家伙，他是不是很棒？”

欧内斯特上前，轻轻地坐在床边，说：“他小得好可怕，难道你不怕伤到他……”他伸出一根指头摸摸宝宝血管清晰的小手。

接下来，哈德莉“对自己微笑，没说什么，看着他蜷缩在毯子里沉沉睡去。现在，这两个男人，我满足地想着，他们都属于我”。

海明威对儿子的到来心生欢喜，哈德莉怀孕伊始的那种焦虑和郁闷消逝得无影无踪。1923 年 10 月 11 日，他在加拿大的多伦多，致信朋友——

昨天夜里两点钟，小格利高里出生了，顺产，仅用了三个小时。……小家伙很好，别人说他相貌长得好，私下里我发现他和西班牙的国王长得有几分相似。

孩子降生时，火车正在去多伦多的途中，比预产期提前了两周。

1925年7月1日，海明威给菲茨杰拉德的信中说——

对我而言，天堂就是一个大的庭院里有两把椅子，一条有着肥美鳟鱼的小溪从门前流过，但是这条小溪是禁止垂钓的，我在小镇里有两座漂亮的房子，住着我的妻子和孩子……

三

海明威的描绘非常迷人。如果不是另一个女人出现在他与哈德莉之间……呵呵，没有如果。

1927年9月14日，在法国昂代，海明威给父亲写信，交代了与哈德莉分开的事实。他在为自己辩护——

你不会知道，我对给你和母亲带来那么多的羞愧和痛苦感到多么难受……我已经试着不再用信将我的所有苦难经历转移给别人。我爱哈德莉，也爱邦比。哈德莉已经和我分开了，我没有抛弃她，我也没有和其他人通奸。

你很幸运，一生只爱过一个女人。在过去的一年之内虽然我曾经和两个人谈过恋爱，但我对哈德莉确实绝对忠诚的。当哈德莉认定我和她最好离婚时，那个和我恋爱的女孩还在美国。我已经几乎两个月没有这个女孩的消息了……

在我们离婚之后，如果哈德莉想要我的话，我还是会回到她身边的。

海明威没有回到哈德莉的身边，也没有和波琳白头偕老，第二次离婚后又娶两个妻子。不过，印刷在《我是海明威在巴黎的妻子》封面上的这句话倒也十分动情：我多希望在还只爱她一个人的时候就死去。

致父信中，海明威也承认“犯了错误，我会接受惩罚”，而对父亲喜欢孙子由衷高兴——

他是我的宝贝。由于我自身犯了不少错误，我希望对他是一个更好更明智的父亲，帮助他避免一些事情。不过我怀疑是否一个人可以教给其他人更多。

无论如何，他是一个好男孩，我希望在八年之内，我们三个可以一起去钓鱼，到那时你就会看到我们并不是悲剧人物。

可是，一年之后，海明威医生饮弹自杀，祖孙三代一起钓鱼的梦想破灭了。

他每年一到秋天或者初春，就常常会怀念父亲，……他只要走进荒芜的果园，踏上新耕的田地，到了树丛里，到了小山上，或者踩过满地枯草，只要一劈材，一提水，一走过磨坊、榨房、水坝，特别是只要一看见野外烧起了篝火，父亲的影子总会猛一下子出现在他眼前。

海明威敬重父亲，在《两代父子》中还感谢了父亲教会他的两件事：钓鱼和打猎。

《老人与海》中，男孩与老人之间的亲情不难看出有着海明威对父亲的敬戴，而老人与男孩之间胜似血缘的亲密，也反映了海明威对儿子的期望和爱。最为明显之处，就是老人遭遇鲨鱼时的心里独白——

捕鱼养活了我，同样也快把我害死了。那男孩使我活得下去，他想。

哈瓦那是热闹的。

瞭望山庄是寂寞的。

……夜，深了。

海明威可能不知道，再有几个字，一部伟大的小说就要诞生了。他感到有点冷吧。如果三个儿子都在身边就好了。可是，一个也没有。没有。所以，他让老人“依旧脸朝下躺着”——

男孩坐在他身边，守着他。

老人正梦见狮子

一

狮子是《老人与海》的魂。

狮子在高处。

二

在大路另一头的窝棚里，老人又睡着了。他的脸依旧朝下躺着。男孩坐在他身边，守着他。老人正梦见狮子。

老人因为“出海太远了”而感叹自己“被打败了”，狮子的再一次到来正是时候。狮子乃兽中之王，是力量，是尊严——没有抛弃受伤的老人，从他少年时看见的那头狮子开始，它就始终是他精神世界里的那个最为生动的姿态：它雄壮，它威武；猎物在它的爪子之下；它的目光里有着太阳、草原和远处的山峦。

这一次，它轻轻地走来。

认识狮子就要走近乞力马扎罗，那是海明威的“非洲的青山”——

> 我热爱这个地区，我有一种在家里的感觉，如果某人对他出生之地以外的一个地方有一种如在家里的感觉，这就是他注定该去的地方。

这个地方永远发出狮子的吼声——面对枪口倒下又站起来奔跑的呐喊。

在《曙光示真》中，海明威不时地会为妻子玛丽杀死了一头巨大的狮子而黯然神伤，他仿佛自己成了那头狮子，倒在草丛，看不见了黛青色的远山和高处的雄鹰。可是就在最后，又传来了新的狮子的叫声——“那头狮子在离营地很近的地方吼叫”，它“近在咫尺”，又“穿过营地”跑远了——

> 我听着它渐渐远去，然后又睡着了。

这样的一句话结束之后，书也结束了——结束得安静极了，安静得可以听见狮子跑远了，跑到了乞力马扎罗山下，可是，它又跑了回来，慢慢地，由远至近，浑身燃烧着太阳的光芒，脚步踩在那片古老而旺盛的土地上的鼓点——再一细听，便听到了老人正在梦着的那头狮子蜿蜒不尽的血脉里，流淌着的正是它的血缘之河……

三

那，还有一头狮子——查拉图斯特拉的狮子——他"醒了"了，"从床上一跃而起，束好腰带，走出自己的洞穴"——

> 当他用手上下左右一阵乱抓，要驱散那些温柔的鸟儿时，看哪，发生了更稀奇的事：他的手竟不知不觉地伸到一团厚实而温暖的毛发里了，而同时，他面前响起一声吼叫——一声柔和而悠长的狮吼。

那，还有一头狮子——雨王亨德森[①]的狮子——这个

---

① 索尔·贝娄（1915–2005），美国作家；代表作品有《赫索格》《洪堡的礼物》等，1976年获得诺贝尔文学奖。亨德森是贝娄小说《雨王亨德森》中的主人公。海明威出生16年之后，贝娄出生。

美国的养猪百万富翁经历了非洲的探险之后，开始返乡，怀抱着冒死带回来的幼狮，“它经过了种种苦难活下来了，正在迅速成长”。亨德森乘坐的飞机在加拿大东部的纽芬兰做中途加油。纽芬兰——New-found-land——新发现的陆地——这一细节无疑暗示了亨德森的精神苏醒，并抵达了一个新的境界，而带回来的那头幼狮子自是他“欣喜的一部分”，他的生活世界将剔除那些哼哼唧唧的猪们了。由此，谁还能怀疑他的一个梦——成为“穿着白大褂”的医生。

梦是愿望之达成。想做什么梦、做了什么梦联系着一个人太多的心思，隐秘，深藏不露。

老人躺着，灵魂站着：老人正梦见狮子。

四

你正在梦见什么？

你梦见了远山和远行者的背影了吗？

你梦见了奔跑的骏马和纯白如雪的羊群了吗？

你梦见童年的伙伴跌倒了流出的血了吗？

你梦见家乡的池塘和泥泞的小路了吗？

你梦见第一次离开家门都有谁送你去的火车站了吗？

你梦见迷路的那回天上的星星也在流浪了吗？

你梦见求学的门口那把上了锈的锁头旁长出一棵细草了吗？

你梦见父亲疲惫而坚挺的脊背了吗？

你梦见多病的母亲坐在床边望着窗外绵绵秋雨了吗？

你梦见初恋的那张脸和阳光下的眼泪了吗？

你梦见分手的那条路没有车站那晚仿佛走了一生吗？

你梦见屈原和他的汨罗江了吗？

你梦见查拉图斯特拉走下山时带着的那把火了吗？

你梦见圣地亚哥和男孩一起出海了而在岸边等待着他们归来的海明威了吗？

……老人正梦见狮子。

这个梦因为有了男孩“守着”，这个梦也属于男孩——新生的力量，更属于海明威——一个受过苦的并时常有着疼痛的人。但是，他通过创造，不是创作，是创造《老人与海》疗救了伤痛、价值观和对自然的看法，进而也疗救了我们，并使得狮子永生。

尽管海明威之死是“最终输掉了这场战斗是同自己的战斗”，他依然赢得了尊严和敬重。正如肯尼斯·S·林恩先生所言——

“在他一次次地追求新的历险时，他表现出了强烈的好奇和兴致；对于自己的艺术，他具有勇敢的献身精神。通过这一切，他向我们肯定了：在这个艰难险恶的世界里，依然还有生的希望。”

此刻，你梦见了狮子吗？

参考书目

一、海明威著作

1.《老人与海》，吴劳译；上海译文出版社

2.《流动的盛宴》，汤永宽译；上海译文出版社

3.《非洲的青山》，张建平译；上海译文出版社

4.《曙光示真》，金雯、杨柯译；上海译文出版社

5.《死在午后》，金绍禹译；上海译文出版社

6.《危险的夏天》，主万译；上海译文出版社

7.《海明威书信集：1907–1961》，杨旭光、袁文星译；河南文艺出版社

8.《海明威短篇小说全集》（上下），陈良廷等译；上海译文出版社

9.《尼克·亚当斯故事集》，陈良廷等译；上海译文出版社

10.《丧钟为谁而鸣》，程中瑞译；上海译文出版社

11.《岛在湾流中》，蔡慧译；上海译文出版社

12.《过河入林》，王蕾译；上海译文出版社

13.《伊甸园》，吴劳译；上海译文出版社

14.《太阳照常升起海》，冯涛译；译林出版社

15.《永别了，武器》，孙致礼、周晔译；译林出版社

二、传记、回忆、小说

1.《海明威》，肯尼斯 · S. 林肯著；任晓晋、胡孝申、陈毅平译；中央编译出版社

2.《爸爸海明威》，A.E. 霍契勒著；蒋虹丁译；译林出版社

3.《与公牛一起奔跑》，瓦莱丽 · 海明威著，王婧、叶明燕译；新星出版社

4.《海明威在古巴》，希拉里 · 海明威、卡伦娜 · 布

伦南著；王增澄、唐孝先译；上海译文出版社

5.《天才的编辑》，A. 司各特 · 伯格著，彭仑译；广西师范大学出版社

6.《我是海明威在巴黎的妻子》，保拉 · 麦克莱恩著；郭宝莲译；北京联合出版公司

2013 年 8 月第一稿

2015 年 5 月第二稿

2015 年 7 月 21 日第三稿

老范行军（1963-），作家

代表作品有《欲·动》《且歌且行：让灵魂跟上脚步》

海明威出生 64 年之后，老范行军出生